上原 隆

君たちはどう生きるかの哲学

幻冬舎新書
498

はじめに

『君たちはどう生きるか』を最初に読んだのは、いまから三十七年前の一九八一年（三十二歳）のことだ。私は小さな記録映画制作会社で働いていた。自分の作りたい映画は作らせてもらえなかった。そのうえ、経営状態が悪く、給料の遅配が続いていた。先行きが見えなかった。私は通勤電車の中で、哲学者、鶴見俊輔《つるみしゅんすけ》の本を読み、ノートをとることで自分を支えていた。

その鶴見が『君たちはどう生きるか』について、

日本人の書いた哲学書として最も独創的なものの一つであろう。[*1]

と書いていた。すぐに読んだ。

鶴見がこの一文を書いたのは、私が読んだときから二十二年前の一九五九年（鶴見三十七歳）のことだ（彼が『君たち……』を読んだのはもっと前のことだが）。

そのときからさらに二十二年さかのぼった一九三七年八月に『君たちはどう生きるか』は出版されている。著者の吉野源三郎、三十八歳のときだ。

三十八歳の吉野が書き、三十七歳の鶴見がそれについて評価し、三十二歳の私が読んだ。その間、四十四年の時間が流れている。

新潮社版からポプラ社版、岩波文庫版、そしてマガジンハウス版へと版も変わり、長い間、人から人へと読み継がれてきた。この本の読者は、ある一定規模の人々だろうという実感を私はもっていた。

ところが、出版から八十年になる去年（二〇一七年）あたりから、爆発的に読まれだしたという。戦前に書かれた本がどうしていま、と誰もが首を傾げる。

いろいろいわれている。

マンガ形式にしたのがとっつきやすかったからだとか、親が我が子に与えているのだとか、戦前のような時代になりつつあるからだとか……、どれもあたっているのだろう。

もちろん、内容が素晴らしいから、読んだ人が友だちに薦め、友だちから友だちへ、人から人へとひろがっていったのには違いない。

こうした意見に、もうひとつつけ加えるなら、題名に惹かれた人が多かったということもあるのではないだろうか。

世界はこうなっているという大きな物語が失墜し、多くの人が大所高所から正義を語ることはできないという気分になっていた。あるのは、個々の問題ごとの理論や運動だけだった。そんなときに、

「君たちはどう生きるか」

この素朴で実直な問いかけが人々の心に届いたのだろう。人が生きている限り、人間としてどう生きるべきか、という問いは消えない。一人ひとりは考えていたし、どう生きるべきかという拠《よ》り所を求めていたのだと思う。

通勤電車の中でとっていたノートは、一九九〇年に『「普通の人」の哲学――鶴見俊輔・態度の思想からの冒険』という本になった。なかで、私はコペル君（『君たちはど

う生きるか』の主人公）の体験について論じた。そのときに感じたのは、鶴見哲学の主要な問題のほとんどが『君たちはどう生きるか』の中にあるということだった。

思想を成長として見ること、痛い体験に立つこと、記憶を保持すること……、どれも『君たちはどう生きるか』という物語の形式をとってふれられている。

『君たちはどう生きるか』が読まれているいま、鶴見哲学を補助線としながら、そこに書かれていることを深めていくことができるのではないか、と考えた。

それが、本書を書きたいと思った動機だ。

鶴見はこう書いている。

わたしは思想を、それぞれに人が自分の生活をすすめてゆくために考えるいっさいのこととして理解したい。[*2]

プラグマティズムと論理実証主義を学んだ鶴見は、論理的で実証的な手堅い哲学を背景に持ちながら、そこから出て、一人ひとりの「私」が生きる現場のことを考えた。自由意志を大切にし、正義の立場から批判することを嫌い、寛容さを大切にした。

一人ひとりの「私」が、様々なことと出会い、失敗し、後悔し、そこから意味をくみとって、成長していく。そこに哲学があると考えた。

文字通り、君たちはどう生きるかの哲学だ。

『君たちはどう生きるか』は、「まえがき」「一、へんな経験」「二、勇ましき友」「三、ニュートンの林檎と粉ミルク」……、といった章に分かれていて、それぞれ、まずコペル君の体験があり、それについての「叔父さんのノート」があるという形式になっている。

本書はこの章の順に従って進む。

まず、一章ごとの概要を書く。

そのあとに、その章の内容理解を深めるために、鶴見哲学の重要な言葉を補助線として示し、それをテコに考えていく。

さらに、少し違った角度からの私の感想もつけ加える。

感動的な映画を観たら、人と話をしたくなるものだ。本書はあれと同じようなものだと思って下さい。どうぞ、気楽にお読み下さい。

なお、『君たちはどう生きるか』は岩波文庫版を使っている。

君たちはどう生きるかの哲学／目次

DTP 美創

まえがき

時代は一九三〇年代後半。戦争前夜といった時期の東京山の手が舞台だ。主人公は中学校二年生の本田潤一君（十五歳）、ニックネームをコペル君という。勉強はよくできるが、クラスのリーダーではない。いたずら好きはリーダーにはなれない。お母さんはコペル君のいたずら好きを叱ったりはしない。それは、二年前にお父さんが亡くなり、そのことで、コペル君が快活さを失ってほしくないと思っているからだ。お父さんは銀行の重役だった。本田家には、ばあやと女中さんがいる。経済的には困っていない。近くに大学を出たばかりの法学士の叔父さんがいて、コペル君とは大の仲良しだ。お母さんも叔父さんも、コペル君を大切に見守っている。そんな優しい愛情の中でコペル君は日々を過ごしている。

この話には、コペル君の他に、三人の友だちが登場する。

ひとりは落ちついた性格の水谷君。彼の家は大金持ちで、遊び道具ならなんでもある。しかし、両親は忙しく、話し相手にも遊び相手にもなってくれない。水谷君は寂しい。

ふたりめは正義感が強く頑固な北見君。彼の頑固さは軍人の父親ゆずり、家では父がこうと決めたら家族は全員それに従わなければならない。

三人めは、クラスの「不良グループ」にいつもからかわれている気の弱い浦川君。貧乏な豆腐屋の長男だから、日頃から親たちの金銭上の苦労を感じている。彼の表情には、「まるで大人のような暗いかげがさして」いることさえある。

本文は、コペル君の体験したことが語られ、それについて叔父さんの感想がノートという形で示されるという構成になっている。

叔父さんはほぼ作者その人だ。

その作者、吉野源三郎について書いておきたい。

吉野は、一八九九（明治三二）年に、東京兜町で生まれた。父親は株式取引所の仲買人だった。父親には江戸趣味人の気風があったという。吉野は東京大学にすすみ哲学を勉強する。当時は武者小路実篤が「新しき村」運動をはじめるなど、大正デモクラシーの時代で、彼も社会問題に関心を抱いた。

大学を出て、予備将校として召集されている間に、共産党への共鳴者だということで検挙された。一九三一年のことだ。軍法会議にかけられ、一年半、陸軍刑務所に入れられる。

出所後、仕事がなくて困っているときに、作家の山本有三から「日本少国民文庫」をいっしょに作らないかと誘われた。自由主義者の山本さえ、彼の作品『女の一生』が反軍的だと憲兵隊から干渉を受けていて、小説を書かせてもらえなくなっていたのだ。

この「日本少国民文庫」について、吉野はこう書いている。

時勢は偏狭な国粋主義と軍国主義にかたむいて、子どもたちにはムソリーニやヒトラーが一代の英雄として紹介されているころでした。すでにおとな向きの本に関しては、出版の自由がいちじるしく制限されていたのですが、それだけに、こういう軍国主義的風潮から少年たちを守り、時勢に毒されないヒューマニスティックな思想や感情をつちかうことが必要でしたし、少年向きの本ならば、まだそれをやる余地が残されているのではないか、と考えられました。私は山本さんの考えに賛成でした。それで、人類の進歩という観点からの歴史観と科学的な物の見方を与えることを中心として、少年向きの双書のプランをたてたのが「日本少国民文庫」という十六巻の双書でした。[*3]

十六巻の双書の中には、『人間はどれだけの事をして来たか』とか『人類の進歩につくした人々』『発明物語と科学手工』『スポーツと冒険物語』などがある。『君たちはどう生きるか』はその中の一冊で、当初、山本が書く予定だったが、病気になったために、吉野が書くこととなった。そして、これが吉野最初の著作となった。十六巻は一九三七（昭和一二）年に完結した。

同じ年（一九三七年）に、岩波茂雄に招かれ、吉野は岩波書店に入社する。

その当時を振り返ると、

一九三一年に満州事変、

一九三七年、盧溝橋事件を発端に日中戦争がはじまり、そして泥沼化し、一九四一年に真珠湾攻撃があり太平洋戦争に突入している。
そして、一九四五年に敗戦。
岩波書店に入社した頃の国内の様子を吉野はこう回想している。

国内では嵐のように弾圧が吹きまくり、治安維持法による検挙が相次ぎ、三〇年代の半ばには左翼的な政党、政治集団ばかりでなく、文化団体までがほとんど壊滅していた。出版物も、左翼のものは発売禁止・紙型の押収・自発的絶版の強要等によって、神がかりな国粋主義、狂信的な国家主義が横行し、言論の自由は無きに等しいところまで抑圧されていった。そして、最初は共産主義の弾圧から始まったこの暴力は、次第にその目標を拡げて、社会民主主義や自由主義者、最後にはキリスト教徒の一部までも逮捕するに至ったのである。[*4]

こうした息づまるような状況の中で、出版社の社員となった吉野は、その頃、イギリスで創刊されたペリカン双書を丸善で手に取った。バーナード・ショウの『社会主義入門』やジュリアン・ハックスリーの『科学随筆』などだ。専門家がわかりやすい言葉で学問探求の面白さを伝えていた。読んでいるとき、自分がのびのびとした自由な気分に包まれていることを感じた。

こういう本を作ろうと思い、岩波新書を提案し、創刊した。

いま大量にある新書というものを、日本で最初に作ったのが吉野なのだ。

さらに、戦後は雑誌「世界」を刊行し、その編集長として、平和問題を追究した。

一九八一年に亡くなった。享年八十二。

吉野源三郎の葬儀で、鶴見俊輔は弔辞を述べた。

こんなふうにはじめている。


戦争中に『君たちはどう生きるか』を読んだことを忘れません。

それは、私がそれまでに読んだどの哲学書ともちがう、哲学の本でした。[*5]

弔辞のつづきは、戦後、鶴見が興味をもっていた綴り方の教師、芦田恵之助が、吉野の小学校の先生で、吉野から芦田についての思い出をきいたという話になる。

かけっこで、すごくふとった生徒がビリになってもなげずに走りつづけ、ついにゴールに入った時、芦田先生が旗をもって走りよって、この子の肩をだくようにして、ふたりで笑いあったという話。

その時芦田先生が笑ったのは、軽蔑のわらいではなく、そのことがよくわかって同君も笑い、やがて運動会全体に笑いがひろがったということでした。

そして、鶴見は弔辞をこう結んでいる。

吉野さんが芦田先生の生徒だった小学校を終えてから、『君たちはどう生きるか』を戦時下の子どもにおくり、戦後に『世界』によってまもりそだてようとしたものは、この運動会の場景に見える理想ではないでしょうか。

また、外国にいて葬儀に間に合わなかった丸山真男は追悼文として、『君たちはどう生きるか』をめぐる回想」を書いた。それはいま、岩波文庫版の最後に載っている。その文章の最初の方で、丸山はこんなことを書いている。

この書物から受けた感銘については、鶴見俊輔さんも、御葬儀の弔辞で語られたように伺っております。けれども鶴見さんは年齢からいっても、私より七、八歳年下で、その点だけでいえば、まさにこの文庫が、またこの書物が対象とした「少国民」の一人だったにちがいありません。コペル君よりは年上にしても、すくなくともまだティーンエージャーだったことでしょう。ところが、私がこの作品に震撼《しんかん》される思いをしたのは、少国民どころか、この本でいえば、コペル君のためにノートを書く「おじさん」に当る年ごろです。私はこの本がはじめて出たのと同じ昭和十二年に大学を卒業して法学部の助手となり、研究者としての一歩をふみ出しました。しかも自分ではいっぱしのオトナになったつもりでいた私の魂をゆるがしたのは、自分とほぼ同年輩らしい「おじさん」と自分を同格化したからではなくて、むしろ、「おじさん」によって、人間と社会への眼をはじめて開かれるコペル君の立場に自分を置くことを通じてでした。何という精神的未成熟か、とわらわれても仕方がありません。当時私はどちらかというと、ませた青年だ、と自分で思いこんでいましたから一層滑稽なのです。

丸山のいうことはよくわかる。この本は子ども向けに書かれているけれど、大人が読んでも、いや、大人の方こそ、心の底にある大切なものを揺さぶられ、感動するのではないだろうか。

丸山は、鶴見俊輔はこの本が対象とした年齢層だったのではないか、といっている。

ここで鶴見について簡単に紹介しておきたい。

鶴見俊輔は一九二二（大正一一）年に、東京の麻布で生まれた。

父親は鶴見祐輔、ベストセラーになった『英雄待望論』や小説『母』などを書き、代議士にもなった当時の有名な知識人。母親愛子は、満鉄総裁や大臣などを務めた後藤新平の娘だ。

母親からの強い愛情による絞めつけに抵抗するように、非行に走り、学校を退学になるので、父親が見るに見かねて、アメリカに留学させる。

ハーヴァード大学に入学しプラグマティズムや論理実証主義の哲学を学ぶ。卒業論文は「ウィリアム・ジェイムズのプラグマティズム」。

日米開戦の翌年に帰国し、海軍軍属となってジャワ島へ行く。

戦後すぐに、姉の鶴見和子、丸山真男、武谷三男らと雑誌「思想の科学」を創刊する。

一九五〇年代後半から六〇年代にかけて『共同研究　転向』や『日本の百年』といった大きな仕事をする。鶴見の仕事は、哲学以外に、漫画の研究があったり、歴史があったり、伝記があったりと多岐にわたっている。一九八二年に『戦時期日本の精神史』で、第九回大佛次郎賞を受賞している。著書は膨大な数に上る。

政治運動もしている。六〇年安保闘争のときには「声なき声の会」に参加し、ベトナム戦争のときには「ベトナムに平和を!市民連合（通称べ平連）」に参加し、二〇〇〇年代には「九条の会」の呼びかけ人となっている。

哲学者であり、編集者であり、活動家であり、座談の名手であり、書評家であり、人を育てる人であり、つき合いを大切にする人であり……、とひとことではいえない大きな人物なのだ。

二〇一五年に亡くなった。享年九十三。

鶴見は吉野の二十三歳下になる。『君たちはどう生きるか』が出版された年は、鶴見が十五歳、コペル君と同じ歳だ。

「戦争中に読んだ」といっているが、アメリカに行く前だと十五歳だけれど、帰国後かもしれない。そのへんは定かではない。

彼は読んで、「日本人の書いた哲学書として最も独創的なものの一つだ」と感動した。

『君たちはどう生きるか』を哲学書として読む

鶴見は『君たちはどう生きるか』を哲学書だといっている。

多くの人は、〈えっ、これが哲学書?〉と思うのではないだろうか。哲学書といえば、デカルトやカント、もしくはハイデガーやフッサールといった難しい本を思い描くだろう。それらが哲学書かもしれないが、鶴見にとっては、『君たちはどう生きるか』も哲学書なのだ。そこには彼独特の考えがある。

吉野は、『君たちはどう生きるか』の他に、『人間の尊さを守ろう』とか『エイブ・リンカーン』といった小・中学生向けの本を書いている。一方で『七〇年問題のために闘っている諸君へ』『同時代のこと——ヴェトナム戦争を忘れるな』などといった大人向けの本もある。

鶴見はどちらかというと、小・中学生向けの仕事の方を評価していて、『エイブ・リンカーン』についての書評を書いている。

リンカーンはドレイ解放を宣言した大統領として有名だ。彼は若いときに、黒人ドレイの競売を見て、人間をモノのように売り買いすることの残酷さに心を痛めた。が、それから十年ちかく、ドレイ解放運動とは無関係に、弁護士として過ごす。そんな日々でも、彼の心には若い頃に見たドレイ競売の様子があった。

自分の心の底にやきつけられたコテのアトが、ドレイ解放の運動から無縁な道をただぽくぽくあるいていたころのリンカーンをどれほど悩ましていたかがわかる。

こうした仕方で、人が育ち、人をとおして思想が育ってゆく。この成長として理解された思想を、われわれは、忘れやすい。戦後の進歩思想は、思想について、成長的な見方よりも、むしろ合成的な見方をとってきたのではないか。その合成的な方法の一つの拠点として『世界』（吉野氏の編集してきた雑誌）を見るとして、この方法の有効性をも私は信じているけれども、思想を成長として見る精神につらぬかれた同じ人の著書『君たちはどう生きるか』および『リンカーン伝』は、合成の方法によっては達することのできない思想の高さを示していると思う[*1]。

普通考えられている哲学書は、ここでいっている「合成的な見方」によって書かれている。つまり、正しい理論や知識を組み合わせて論じている。それに対して「成長的な見方」とは、思想を生きられたものとして見るということ。ある人が生き、失敗し、その体験をもとに成長していく、その過程を思想としてつかむということだ。伝記的な方法と呼んでもいいかもしれない。

できれば小学生の頃を思いおこしてほしい。あの頃、偉人伝というものを読んだことがあると思う。野口英世や良寛さん、シュバイツァーやマザー・テレサなど。

そういう本には、彼らが正しい理論をもっていたから、そして発表したから偉人なのだとは書いていなかったと思う。他の人が知ろうが知るまいが、失敗に挫《くじ》けず、それをバネにして、立派な生き方をしたから偉人なのだと書いてあったはずだ。

そういう生きられた行いとして思想をとらえたい、と鶴見は考えている。それが哲学だと。

哲学表現のひとつとしての伝記

鶴見は多くの人の伝記を書いている。

たとえば、埴谷雄高《はにやゆたか》、中浜万次郎、田中正造、横田英子、金子ふみ子、林尹夫《ただお》、高野長英、石川三四郎……、数え上げればきりがないくらいだ。

それぞれの人の思想を「成長的な見方」でつかむためなのだ。

彼が書いた短い伝記のひとつを紹介する。

斎藤アラスカ久三郎

斎藤アラスカ久三郎のアラスカはミドル・ネーム。鶴見は彼とアメリカの連邦移民収容所で会った。

一九四二年、日本がアメリカと戦争を開始した翌年、鶴見は移民局の調べを受け、「自分は無政府主義者だからどちらの国家も支持しない」と答えたために逮捕され留置場に入れられ、その後、移民収容所に移された。

斎藤は東北地方の百姓の三男として生まれた。小学校を卒業したが、上の学校に行かせてもらえなかった。船に乗りこみ、アメリカに入り、アラスカに住んだ。

収容所には、鶴見のようなハーヴァード大学の学生もいるし、三井、三菱などの海外支店勤務の東京大学出の人もいた。

そこではよく戦争の話になった。

東京大学出たちは「日本は必ず勝つ」と主張した。

そんなときに、普段は無口な斎藤が、

「もっとインターナショナルな考え方でなくては」といった。

すると、

「斎藤さん、インターナショナルってどういうこと？」と東京大学出がからかうようにきいた。

「胸はばのひろい人のことをいうんですよ。世界のことがみんな胸の中に入ってしまうような」とわるびれずに斎藤は答えた。

斎藤のもっている言葉は少なかったが、その少ない言葉で定義を与えることができた。難しい言葉を使うときはいつもそうしているらしい。

鶴見は驚いた。

また、斎藤は洗濯や便所掃除をきちんとやった。人よりもゆっくりだけれど、よく考えて自分のやり方を工夫していた。

彼は、自分で考えるだけ考えてからするのでなければ、労働は面白くないという思想をもっていた。

「自分で考え、自分の考えによって暮らし、働く」

そういう人が知識人だ。

このときに、鶴見は新しい知識人像を発見する。

収容所の所長が、日本人の一人ひとりに、日本に帰るかアメリカに残るかをきいた。ほとんどが帰国を希望したが、斎藤だけは「帰らない」と答えた。収容所にいっしょにいる人々がいくら帰国をすすめても、斎藤の意志は変わらなかったそうだ。[*6]

斎藤アラスカ久三郎の伝記はこんな話だ。

鶴見の書いた伝記を読むと、小説のような感動があるし、おまけに教訓もある。

まず、斎藤の人生への態度がいいなと感じる。そして、そのあと、新しい言葉を使う場合、日常使っている言葉で定義できるくらい自分のものにしてから使う方が、話に力があるということや、知識や理論よりも、自分の頭でゆっくりと考えることの方がずっと知的なことなのだということが教訓として残る。

鶴見の書いた伝記のほとんどが、彼が感心した人のことなので、読むことで、鶴見の思想が伝わってくる仕組みになっている。

「コラム・ノンフィクション」という仕事

私の仕事について書く。

三十数年前だから昔々のことになるけれど、私はちょっとした挫折を経験して部屋に閉じこもっていた。それからずいぶん経って当時を振り返り、こんなことを考えていこうと思った。

「つらいことや悲しいことがあり、自分を道端にころがっている小石のように感じるとき、人は自分をどのようにして支えているのか」

この問いを手に、人と会い、話をきき、行動をともにし、短い文章を書いてきた。

「コラム・ノンフィクション」といわれている。

三つほど紹介する。

木戸礼治（六十歳）は東京で、十八年間単身赴任している。家は名古屋にあって、妻と三人の子どもが住んでいる。妻はヨガ教室の先生をしていて、上の二人の子どもは働いている。夫婦関係は冷えきっている。たまに名古屋に帰って食事の用意を手伝っていたら、自分のお茶碗がないのに気がついた。尋ねると、

「ごめん、普段使わないからしまっちゃった」と妻はいった。

同居させてほしいと末の息子が東京にやってきた。バイトをしながらギタリストを目指すのだという。ひとり暮らしが長い木戸は〈わずらわしいな〉と思った。

ところが、いっしょに暮らしてみるとそんなにわずらわしくはなかった。むしろ楽しかった。会社から帰ってくると部屋に明かりが灯っていた。肉野菜炒めを作ると、

「父さん、美味しいよ」といって食べてくれた。

「うれしくなっちゃってさ」木戸が笑う。「朝出かけるとき、ヤツの財布がベッドの横に置いてある。見ると一銭も入ってなかったりするわけ、横に二千円置いてやったり

ね」

木戸は子どもと暮らす喜びを知った。

そんな矢先、彼は会社をクビになってしまう。そのことは誰にもいわずに、毎日同じように家を出ると、知り合いを訪ねて回った。しかし、働き口は見つからなかった。貯金は減っていく一方だ。仕方なく名古屋に行き、妻に借金を申し込んだ。が、体よく断られてしまう。彼は打ちひしがれて東京のアパートに帰ってきた。

翌朝、息子が洗った髪を拭きながら、こちらを見て立っている。

「どうした？」と木戸がきくと、

「父さん、おれ少し家賃入れようか」といった。

困難に陥っている父親に息子が手を差しのべた。毎晩ギターを弾いていて、そんなことを考えているようには見えなかったのに。

木戸は、この話をするときに涙ぐんでいた。

雹《ひょう》による被害の大きかった青森のりんご農家の経営者、工藤貴久（三十五歳）は途方に暮れていた。

表面に黒い点がついているだけで中身の味は変わらない。だが、都会の消費者はそんなりんごを買ってはくれないだろう。このままでは三千万円近い借金をかかえ込むことになる。

工藤は産地直送で販売していて、自分のお客さんをかかえている。その人たちに理解してもらえないものかと思った。「助けて下さい」とすがりつきたいくらいだったが、相手はお客さんだ。

雹の降り方には偏りがあった。工藤農園は雹の的中率が高かった。

〈これが宝くじだったらなー〉と思った。

その瞬間ピンときた。

〈雹害のりんごを「的中りんご」と名づけ、年末ジャンボ宝くじをつけて売ろう〉

こうして工藤はお客さんに笑いとともに農園の窮状を訴えることができ、「的中りんご」は完売した。

困難な状況に名前をつける。そのことで状況から少し距離を置いて見ることができるようになり、ピンチをチャンスに変えることができた。

お客さんからメールが届いた。

「わが家で食べるりんごは外見より中身です。友だちにもすすめました。わたしたちの大切なりんご農園を応援します」


小説家の打海文三に会った。彼は二分脊椎症という障害のある息子と暮らしていた。体が動かない。言葉もしゃべれない。食べ物は一度打海が噛んでから与える。下の世話もしなければならない。

「先のことを考えると暗たんとした気持ちになりませんか」と私はきいた。

「将来のことを考えては今日は生きられない」と彼はいった。「昨日息子がかわいかったら今日もかわいい、今日かわいければ明日もかわいいだろう。そうやって息子が五十になったときもかわいいと思っているだろう」

何十年か先を思い描いて不安になるのではなく、今日の喜びを明日への糧にしていくことが大事なのだと教わった。

打海の息子は十五歳で死んだ。それから十二年経って五十九歳で打海も亡くなった。彼のファンには二十冊近い著作を残し、私にはひとつの教訓を残して。

私が会うのはすぐ隣にいるような人たちだ。一人ひとりがそれぞれの仕方で困難に立ち向かっている。

その話をきき、姿を見るとき、ここに生きることそのものがあるという思いが胸に満ちてくる。

そのことを文章にし、本にしてきた。

鶴見哲学の「成長的な見方」そのものではないが、それほど離れてもいないと私は思っている。

一、へんな経験

中学一年生だった十月のある日曜日。コペル君と叔父さんはデパートの屋上から景色を眺めていた。霧雨が降っていて、あたりは薄暗い。眼下には家々の屋根が連なり、真下には道路があって、車が右に左に走っている。コペル君にはそれらが海底のように見えた。と同時に、そこには自分の知らない無数の人々がいるのだとも思った。下を覗き見ると、このデパートに来るときに二人が歩いた道を、店員さんのような少年が自転車に乗って車をよけながら一生懸命に走っている。コペル君は自分たちが歩いているときも、この屋上から誰かが自分たちを見ていたかもしれないと思う。叔父さんにそういうと、

「今だって、ひょっとすると、どこかの窓から、僕たちを眺めてる人があるかも知れないよ」と叔父さんがいう。

コペル君は周囲のビルを見廻す。無数の窓がある。

下の道を歩く人がいて、それを屋上から見ている自分がいる。その自分をビルの窓から誰かが見ている。さらに、それら全体を見ている眼もあるかもしれない。コペル君は

ふうっと目まいに似たものを感じた。

叔父さんのノート「ものの見方について」

叔父さんはこのコペル君の感想を、自分中心のものの見方からの転換のきざしと考えた。この経験を忘れないようにと書く。

コペル君の視点の転換は、コペルニクスが地動説をとなえたのと同じようなことだ。それまでは、地球が中心で、太陽や星は自分たちの周りを回っているのだという天動説が主流だったが、自分の方が太陽の周りを回っているのだと考えた方が、いろいろなことの説明がつくとコペルニクスは主張した。

自分中心からの転換は学問の話だけではなく、ものの考え方や態度の問題でもある。日常でも、自分を相対化して考えることが大切なのだ。

このことがあって、叔父さんは潤一君のことを、コペルニクスを縮めてコペル君と呼ぶようになった。

個人の考えは「パースペクティブ（眺め）」に限定されている

コペル君が気づいた自分の視点の相対化ということは、「パースペクティブ（眺め）」という鶴見がアメリカ哲学から学んだ考えと重なる。

鶴見がハーヴァード大学で学んで、もっとも影響を受けた哲学は、論理実証主義とプラグマティズムだ。

論理実証主義とは、

「哲学の任務は、科学の言語を論理学的に分析すること」につきるという考え。したがって、それ以外の仕事を哲学から追放しようという旗印をもつ。ことに形而上学については、これが実証不可能の領域に入る時、まったく無意味であると考えた。

プラグマティズムは、

「ある思想の意味をはっきりつかむには、その思想が真であるとすればどんな実際的結果が必然的におこるか、と考えてみればよい」という「プラグマティズム格言」を基礎とする思想の明確化運動あるいは思想方法論であって、特定の思想そのものではない。

いずれも『哲学・論理用語辞典』（思想の科学研究会編　一九五九年二月、三一書房）からの引用だが、これらはどちらも、哲学を論理的で実証可能のものにしようという運動だ。

そのプラグマティズムの中のジョージ・ハーバート・ミードの著作に「パースペクティブ」という考え方が見られる。

ミードによれば、「個人」も「自我」も「精神」も「経験」も、すべて発生のときから社会的であり、「コミュニケーション」を通して出現するのだという。だから、個人の考えは、時代や社会や家庭の置かれている状況からの「パースペクティブ」に限定されている。それぞれの人がそれぞれの「パースペクティブ」に立って考え、意見をいっている。

鶴見はこう書いている。

　ミードは、人間の思想の目標として、パースペクティヴのより高い組織を求めた。より高いというのは、より普遍的なものという意味である。しかし、そうして新しくつくられたパースペクティヴも、限定された自我によってになわれるのだから、パースペクティヴとしての限界をこえることができない。より真なるものへの運動はあるが、「おれの言うことが絶対的に真だ」という立場はあらわれない。それは歴史の中にある新しい予測不可能なものの出現の可能性という性格から言って、あらわれることがないのだ。[*7]

　それぞれの人の「パースペクティブ」を重ね合わせ、普遍的なより高い「パースペクティブ」をつくるべきだが、どこまでいっても、これが最終的な「パースペクティブ」といったものには至らない。歴史には偶然の要素があるので、「絶対にこうなる」といった決定論的なことはいえないのだという。

　この限定が重要だ。

つく。

こんなふうにコペル君の自分の視点を相対化する考えは、真理の相対主義にまで結びつく。
鶴見の思想の重要なことのひとつが、自分の意見が絶対正しいとは思わず、違う意見の人を認めるという態度だ。そしてこの態度を原理のところで支えているのがアメリカ哲学から学んだことなのだという。

今ふりかえって見て、アメリカ哲学から私がおそわった中でもっとも大切なものと感じられるのは、本質を何か特定のモノとして固定して考える仕方をうたがうことである。うたがう権利を社会的行動の中で行使してゆく道を、ミードの思想は準備する。[*8]

意見の違う人と行動を共にする「共可能性」

「うたがう権利を社会的行動の中で行使してゆく道」。その道すがら、鶴見は違う意見の人を認めるという態度を大切にした。それはとくに彼の政治行動の中で発揮されている。

一九六〇年五月一九日、岸信介内閣が国会で、日米新安保条約を強行採決した。この強行採決に反対の人々が国会議事堂に押しかけた。日に日にデモの人数は増え、最高のときは、三十三万人にもなった。

当時、鶴見は一九五〇年代をかけて研究していた知識人の転向問題のまとめに入り、その成果を発表しはじめていた。その本の中で、戦前、戦中と戦争を推進し、転向を強制する内閣の大臣をしていた岸が、いま、目の前で、当時と同じように、新安保条約の国会承認という既成事実を積み上げようとしている。

鶴見が考え続けてきたことからすれば、強行採決への反対は、充分行動するに値することだった。命を賭けてもいいとさえ思ったという。

五月二二日に、中国文学者の竹内好《よしみ》が、岸内閣のもとでは公務員としてとどまれないと表明して、大学教授を辞任した。

それを知った鶴見は、十日後、自分も辞任する。

そのときのことを、竹内は後日こう書いている。

鶴見さん——と書くとやはり、よそいきの感じになる。俊輔さん、としよう——は、相撲の千秋楽のテレビを見て帰ってから夕刊で私の辞職を知ったそうである。私は「安保批判の会」の会合の席で、通信社の人から俊輔さんの辞職を耳打ちされた。ジーンと眼の奥が痛くなった。（中略）

かれの辞職は私を孤立感から救い出してくれた。私は翌日、俊輔さんに電報を打った。ワガミチヲユキトモニアユミマタワカレテアユマン。[*9]

鶴見は「思想の科学」のサークル「主観の会」の小林トミらと、強行採決に反対する人なら誰でも入れるデモの列をつくろうと相談し、「声なき声の会」（その頃、岸は、国会をとりまく抗議のデモは一部の声で、国民の多くの声なき声は私を支持している、というようなことをいった）を結成した。

「声なき声の会」のデモは、出発したときは十人くらいだったのが、途中、沿道から次々に人が加わり、解散地点では三百人になるほどだった。

一カ月後、新安保条約は成立し、岸は退陣した。様々な運動は急速にしぼんでいった。「声なき声の会」も例外ではなかったが、その後、どんなに少人数になっても年一回(六月一五日)の集会は現在も続けられている。

アメリカがベトナム爆撃をはじめたとき、「声なき声の会」の事務局長だった高畠通敏が「ベトナム爆撃に反対するデモをしよう」と鶴見にいった。

こうして、文学者・小田実《まこと》をリーダーとする「ベトナムに平和を!市民連合」ができた。

十五歳のときから約五年間留学していたアメリカに、鶴見は強い愛情を抱いていた。そのアメリカがいま間違ったことをしている。どうにかしたい、という思いは強かった。「ベトナム爆撃をやめろ」というアメリカへの呼びかけは鶴見自身の体験に根ざしていた。

「べ平連」は、ベトナム戦争に反対する人ならば誰でも参加できた。デモ、シンポジウム、アメリカの新聞への反戦広告の掲載、日米市民会議、脱走兵援助、新宿駅西口でのフォーク集会、米軍基地近くでの反戦喫茶店と、自由で、創意にあふれた運動をした。およそ十万人以上の集団になっていた。

一九七三年にベトナム戦争が終わると、翌年に解散した。

これらの政治運動で一貫している集団の組み方は、目的をひとつに決めて、それに賛成の人ならば誰でも入れるゆるいものにしたことだ。

そのことを鶴見は「共可能性」と呼んでいる。目的以外の点で意見が違っている人たちが、お互いの違いを認めて、いっしょに行動できる可能性ということだ。

細部の意見の違いで限りなく分裂していく政治組織が多いなかで、日本人にとって貴重な政治体験をつくり出したと思う。

「共可能性」はシールズに引き継がれていた

二〇一五年、集団的自衛権を認める安全保障関連法（戦争法）に反対するために、「自由と民主主義のための学生緊急行動」（SEALDs、シールズ）が国会前で抗議をはじめた。抗議のコールの合間に、学生たちは一人ひとりが立ち上がり、スピーチをした。自分の名を名のり、自分の生活の場からなぜ反対しようと思うようになったかを語っていた。そこには様々な動機があった。

シールズは解散し、その後、「未来のための公共」という団体が結成された。

二〇一八年、森友学園問題での、財務省の公文書改ざんに抗議する官邸前デモでは学生だけでなく社会人も高校生も年金生活者も、多くの人がひとりで参加していた。プラカードも様々だった。前の方で、高校生が日の丸の旗をふっていた。その少年は国への憂いがあって参加したのだろう。誰かがネットで「暗くて抗議の規模が見えない、ペンライトか何かで可視化すべきだ」と提案すると、次のデモでは多くの人がライトを持って参加していた。一人ひとりが自由に意見をいい、自分の決意で参加している。

現場にいた私は、ここに鶴見の「共可能性」が生きていると思って見ていた。

二、勇ましき友

コペル君のクラスに浦川君という豆腐屋の息子がいる。他の子たちの親の仕事は、実業家や役人、大学教授や医師などで裕福だ。それに較べて、浦川君の家は貧しい（あくまでクラスの他の子たちの家と較べてで、当時の東京山の手の中学校とはそういうところだったのだろうと想像するしかない）。それに浦川君は勉強の成績が良くないし、運動神経も鈍い。そんなこともあって、意地悪な子たち（山口君のグループ）にからかわれ、様々な嫌がらせをされていた。背中に砂を入れられたり、習字の時間に筆を隠されたり……。

浦川君の隣に座っている山口君がひそかに、彼に「アブラゲ（油揚）」というあだ名をつけた。毎日の弁当のおかずが油揚だったからだ。自分にあだ名をつけられたことを浦川君は知らない。

演説や朗読や音楽演奏などを行うクラス会の計画があって、出演者についての選挙があった。たまたま、担任の先生は用事があって教室にいなかった。選挙用紙が配られたあと、「アブラゲに演説させろ」と書かれた紙が回ってきた。コペル君は嫌な気持ちになった。次々に手渡されていく。紙が回りきったところで、「アブラゲって誰のことだい」と山口君が大きな声でいう。「ねえ、浦川。君、知ってるかい」

浦川君はめんくらった顔をしている。クラス中がドッと笑う。と、そのとき、浦川君は「アブラゲ」とは自分のことだと気づき、顔を真っ赤にする。

ガタンと音がすると、頑固者の「ガッチン」というあだ名の北見君が立ちあがり、山口君のところへ行き、

「山口！　卑怯《ひきよう》だぞ。アブラゲなんて、貴様がいいだしたんじゃないか」という。

「へえだ！　こっちは知らないや」山口君はフフンと笑う。

北見君が山口君の頬をピシャリと平手で打つ。山口君は北見君の顔にパッと唾を吐きかける。そして、取っ組み合いのケンカとなった。体つきの頑丈な北見君が山口君に馬乗りになって殴る。クラスの子たちが取り囲む。コペル君が近づいて見ると、馬乗りになった北見君の背中に浦川君がだきつき、

「北見君、いいんだよ。そんなにしないんでも、いいんだよ」と泣きださんばかりだっ

た。

先生が教室に戻ってきて、みんなを叱る。級長の川瀬君と北見君と山口君の三人だけを教室に残して、先生が話をきく。そうして、山口君のいじめが明らかになった。

コペル君は、北見君がいじめに対して抗議したことに、そしてその北見君を止めた浦川君の行動にも感動した。

叔父さんのノート「真実の経験について」

叔父さんはコペル君から話をきき、コペル君が北見君や浦川君の行動に感動したことは大切だと書く。

学問上のことは書物や先生からの教えで学ぶことができるが、人生上で起こる出来事は自分が体験して学ぶしかない。水が酸素と水素からできていることは教えることができるが、「冷たい水の味がどんなものかということになると、もう、君自身が水を飲んで見ない限り、どうしたって君にわからせることが出来ない」。

自分が体験したときの自分の心の動きに、何が正しいことかという感覚があり、そこを握りしめて、そこから考えていくことが重要で、それが生きていくときの拠り所となるはずだという。

権力に抵抗したリリアン・ヘルマンにあったのは「まともさの感覚」

鶴見の仕事の中で大きな成果のひとつが『共同研究　転向』だ。

そこでは、戦前、戦中、戦後の転向例が描かれている。転向の定義は「権力によって強制されたためにおこる思想変化」という。

権力による強制とはどんなことか。

戦前から戦中にかけて、警察は共産党員らしき人物を逮捕し、共産党員であることを認めさせ、他の党員の名前をいわせ、共産党を辞めて、以後そういう活動をしないと約束させるために、あらゆることをした。

一九三三年二月二〇日、共産党員作家小林多喜二は逮捕された。翌二一日、彼は死体となって家族に引き渡された。死体は、拷問によって赤黒くはれあがっていた。ふくれあがった股には針か錐《きり》かを打ちこんだらしい穴の痕が十五、六カ所もあった。右手の人差し指は完全に折れ、らくに手の甲の方に折り曲げることができた。上顎部左の門歯はわずかにぶら下がっている状態だった。小林は他の党員の名前をいわなかったために殺された。

鶴見の転向研究は、この小林多喜二から、転向して他の共産党員の名前をいった人までを扱う。その特徴は、転向を現代の価値意識から裁かないという点にある。ある時代の圧力状況下でA、B、C、Dと、様々な転向の軌跡を登録し、そのふりはばの中でより良い生き方はどういうものだったかを描いている。

権力の強制により、自分の思想を曲げなければならなくなったとき、どう自分と向き合うか、この痛い体験にこそ、学ぶべきものがあるという。

前代の走者が迷い、つまずいたその地点こそ後代の走者にとっての最も実りある思索の出発点となり得る。[*10]

転向は日本だけの出来事ではない。

一九五〇年代のアメリカでも転向問題は発生した。マッカーシー上院議員が政治活動をしていた人を呼び出し、共産党員だっただろうと詰問し、そうだと認めると、いっしょに活動した仲間の名前をいえと責めたてた。とくにハリウッドで映画を作っている人々への攻撃が激しかった。『波止場』や『欲望という名の電車』などで有名な監督のエリア・カザンは仲間の名前を告げた。そうしないと映画が作れなくなるからということだった。他にも多くの映画人たちが仕事を失うのを恐れて仲間を売った。

マッカーシー旋風といわれているが、このアメリカでの転向問題に鶴見は強い関心を示した。

戯曲『子供の時間』や映画『ジュリア』の原作などで有名な作家、リリアン・ヘルマンも呼び出されて詰問された。彼女は自分以外の人に関わる質問にはいっさい沈黙を守り、自分の発言によって、他の人を罪に陥れることを拒否した。このことで、彼女は損失をこうむる。仕事の注文がなくなり、中年を過ぎて、デパートでパートタイムの仕事をしていたという。

鶴見は、ヘルマンのこんな発言を引用している。

「国会への私の初登場から始まってそのあとに続く年月に起ったこの時代のいろいろな出来事のために、私はかなりの罰金を支払った。私が自由主義についてもっている信念は、ほとんど全部なくなってしまった。そのかわりに、私は、何かひそやかなものを獲得した。それはほかにいい言い方がないので、まともであること、と呼んでおこうと思う[*11]」

何かひそやかなもの、まともであること。

コペル君が北見君や浦川君の行動に感動したことを、叔父さんが大切にしなさいといったのは、この感動の根に、「何かひそやかなもの」「まともであること」があるからではないだろうか。

そして、このことは、勉強したり、教師の話をきいたりして得られることではなく、自ら体験することによって、もしくは、人の生きた歩みを、小説を読むように追体験することによってしか得られないものなのだろう。
鶴見はリリアン・ヘルマンについて書いた文章の最後をこう結んでいる。

生き方のスタイルを通してお互いに伝えられるまともさの感覚は、知識人によって使いこなされるイデオロギーの道具よりも大切な精神上の意味をもっています。[*12]

マッカーシー旋風を描いた映画はどれも質が高い

なぜか、マッカーシー旋風を描いた映画はどれも質が高い。
たとえば、
シドニー・ポラック監督の『追憶』（一九七三年）。
政治意識の高い女性（バーブラ・ストライザンド）とお坊ちゃんのシナリオライター（ロバート・レッドフォード）との、第二次世界大戦をはさんでの二十年近いつき合いを描いている。戦後、夫婦になるのだが、マッカーシー旋風に対する対応でひびが入り、結局、二人は離婚する。何年か後に再会する。彼は美しい奥さんと腕を組んで立っている。ストライザンドは「原水爆禁止を！」と声を張り上げてビラを配っている。

ジョージ・クルーニー監督の『グッドナイト&グッドラック』（二〇〇五年）。マッカーシー旋風に対抗するテレビマンたちの活躍を描いた。CBSの人気キャスター、エド・マローがマッカーシー議員の陰謀を暴く。白黒の画面にジャズが流れ、タバコの煙がたゆたう、独特のムードの作品だ。

ジェイ・ローチ監督の『トランボ　ハリウッドに最も嫌われた男』（二〇一五年）。「ハリウッド・テン」（証言を拒否し投獄された十人の映画人）のひとり、脚本家のダルトン・トランボの伝記映画だ。マッカーシー旋風に屈しなかったために映画会社から仕事を干される。が、彼は友だちの名前を借りて、脚本を書いた。そのひとつが『ローマの休日』だった。

これらの映画が素晴らしいのは、マッカーシー旋風が映画人としての痛い体験として残っていて、忘れてはならないという思いが伝わってくるからだろう。

「ドートク」の手がかりは感動する心にある

私は六十八歳になる。振り返って、生きてきた時代を、目を細めて眺めてみる。すると、大きないくつかの傾向が見えてくる。

生活が物質的に豊かになり、

すべての欲望が肯定的に扱われるようになった。

服装や食事の簡易(カジュアル)化が浸透し、

経済や情報の世界(グローバル)化が拡大している。

なかでも過去の文化的規制をかなぐり捨てて、ばく進してきた感じがするのは欲望の肯定だ。

「金を儲けたい」「もてたい」「気持ちの良いセックスをしたい」「有名になりたい」……。

テレビの中のおしゃべりや週刊誌の目次は、これらの欲望で満ち溢《あふ》れている。昔ならば口にするのもはばかられるようなことだ。

だから、昔の方が良かったといいたいのではない。あからさまに、誰もが欲望を口にできるようになったのは良い面もある。抑圧からの解放という意味だけでなく、一人ひとりが自分の欲望や欲望渦巻く社会とどう向き合うのかを考えなくてはならなくなったからだ。「なぜ、人を殺してはいけないのか」という問いにさえ向き合わなければならない。

証券大手リーマン・ブラザーズの破綻という結果になったアメリカの経済危機について、人口統計学・歴史学者のエマニュエル・トッドはこんなことをいっている。

今回の危機で表に出ているのは金融問題だが、背後には経済以外の要因が横たわっている。社会全体を考えずに自分のことばかり大事にする自己愛、自己陶酔の意識だ。

四〇年前、フランスでは五月革命が起きた。英米でも、ポップス音楽や性の解放といった側面がより強かったが、同様の運動があった。当時の大スローガンは「禁じることを禁じる（自由がすべて）」だった。

こんな考え方が経済の世界にも広がっていった結果が現状だ。*13

この中で私が一番驚いたのは、「金を儲けて何が悪い」という精神性が、五十年前(文中に「四〇年前」とあるのはこの文が十年前のものだからだ)の運動から生まれたものだといっていることだ。

五十年ほど前、私は学生だった。日本でも同じようなことが起こっていた。「禁じることを禁じる」ではないけれど、「すべてを根底から疑え」「学問とは何だ」「大学とは何だ」と問う風潮があり、私はその考えに同調していた。そのことが金融危機を起こした人々の精神性にまでつながっているというのだ。

金儲けをゲームのように考えている人たちと私とはまったく無関係だと思っていた。ところが、エマニュエル・トッドは「あんたたちが原因なのだ。自己中心で、公共心のないあんたにも責任の一端はあるんだ」という。いわゆる団塊の世代の責任だといっている。

確かに、学生運動の「根底から疑え」という態度が、「公共心」や「道徳」を破壊し、欲望肯定への道を準備したと思う。

それに私自身、自己中心的だし、心の底で「公共心」や「道徳」など、どうでもいいと思っている人間だ。

なんとか反論しようと考えた。が、私の中で、「公共心」や「道徳」という部分が空っぽなのに気づかされただけだった。六十八歳にもなって恥ずかしいのだけれど、私は「公共心」や「道徳」の欠けている人間だ。

まいったな。

「公共心」は、文字どおり公共につくす精神のことだし、「道徳」は、人として守るべき道のことだ。守るべき内面の規律をもっていないので、何が良いとか悪いとかハッキリといえない。考えこんでしまう。

私が公共心や道徳をもっていないのにはいくつかの要因がある（次に書くことは同じような年齢の人たちにはわかりきったことかもしれないが、若い人も読むかもしれないので、書いておく）。

ひとつは、戦後の民主主義教育の中で育ったということだ。第二次世界大戦中、「滅私奉公」という道徳が人々に浸透していた。公のためには自分の命を捨てるべきだという考えだ。公とは国家であり天皇だった。戦後の民主主義教育はそのことの反省からはじまった。だから公よりも私が大切で、一人ひとりは自分の意思で自由に生きるべきだと教えられた。

もうひとつは学生運動だ。運動の中心にあった思想はマルクス主義だった。マルクス主義の道徳は階級的なものだ。万人に共通する道徳はない。支配階級は自分の得になることを万人の道徳のように述べる。競争は人の能力を高めるとか、まじめに働いていれば報われるとかだ。それに対して労働者階級の道徳は、万国の労働者よ団結せよだ。自分だけ出世しようというのは道に反する。このマルクス主義という世界像が現状に合わなくなってきて、階級的な道徳も消えてしまった。そして、私の中の判断基準も根拠を失った。

みっつめは核家族で育ったということだ。

私は両親と妹の四人家族の中で育った。両親に宗教心はなく、代々いい伝えられている教えというものもなかった。彼らに教育方針というものがあったとしたら、それは自由放任だった（教育方針がないのと同じですね）。

よっつめは経済の成長によって共同体が不用になったということだ。

私が成長するとともに日本経済も豊かになり、隣の人と協力しなくても生きられるようになった。貧しかった頃は、米の貸し借りにはじまり、子どもの世話は共同でしていたし、雨が降れば隣の洗濯物も取りこんでいた。こんなふうに隣近所が力を合わせなければ生きられない頃は、おのずとそこに約束事があり、守るべき内面の規律もあった。が、経済が発展し、単身者生活が可能になり、隣近所との協力の必要性がなくなって、規律も消えた。昔の共同体のつき合いは束縛が強く、口うるさく、ベタベタしていて、そういうところが嫌いで、私は逃げ出した。

これらの要因に対して、昔に帰れというのは無理がある。道徳教育だって、自分の生活の中で学んでいかなければ自分のものにはならないだろう。ただ、共同体については、この間、経済の低成長が続いているので、若い人たちの間で、自主的に共同体をつくって生活を支えていこうという動きが生まれてきているらしい。そこから新しいドートクが生まれるかもしれないとは思う。

エマニュエル・トッドがいうように、私や私の世代の人たちが欲望の肯定を準備したのなら、欲望の制御についても自分たちで考えなければならないだろう。欲望と向き合って、欲望を制御するためには、自分なりの道徳、自分で決めた守るべき内面の規律をつくらなければならない。

私はいろいろな人と会い、話をきき、文章にしてきた。その経験から、自分なりの「ドートクの手がかり」のようなものを感じている。そのことを書く。

水元信一（三十六歳）は両親の介護で疲れていた。

父親（七十三歳）は躁鬱病で入院している。週一回、外泊許可をとって家に戻ってくる。明け方、物音で起きると父親が失禁して蒲団を濡らしている。水元は父親の体を拭き、新しい下着に着替えさせ、別の蒲団を敷く。

母親（六十八歳）は子宮がんになり手術をして、いまは自宅から病院に通って抗がん剤治療を受けている。ちょっと体を動かすだけでふーふーいっている。父親が泊まった翌日は決まって熱を出し、寝込んでしまう。

姉（三十八歳）はダウン症で、近所のスーパーマーケットで働いているが、家事はまったくできない。

最初の頃、妻（三十歳）が両親のめんどうを見て、家事もやってくれていた。が、水元が非協力的なのに腹を立てて、「自分の親なんだから自分でめんどう見なさいよ」といって家を出ていった。

その結果、水元は会社を辞め、両親の介護と同時に、不慣れな家事もしなければならなくなった。父親の病院に見舞いに行き、母親を病院に送り迎えし、市役所に行き介護保険の書類を出したり、高額医療費の還付の手続きをしたり、食事の用意をし、掃除もし、洗濯もした。

「親のめんどうを見るって当たり前といえば当たり前なんですけど」と水元はいった。

「でも、何か成果があるわけでもないし、いつ終わるかもわからない。自分は何をやってんだろうって思うんですよね」

誰かにグチをいいたいのだがいう相手がいない。近くにアパートを借りて看護師の仕事についた妻のところへ行って、話をした。が、そんな話はききたくないといわれた。

一年近く、そんな状態が続き、とうとう水元は耐えられなくなって、逃げ出した。仙台に住んでいる友だちの家に行った。

友だちの八木下君は僧侶で、昔からの親友だ。彼と母親の道代さん（六十三歳）が水元の話をきいてくれた。道代さんは八年間、認知症の母親を介護した経験があり、そのときのことを話してくれた。いくつもの苦労が笑い話になっていた。

「がんばってやってれば、そのうちやりとげて良かったと思うときが来るわよ」と彼女はいった。

仙台に二泊して戻ってきた水元は〈イヤだイヤだ〉と思う気持ちがふっきれて、楽な気持ちで親のめんどうを見られるようになっていた。

二週間後、仙台から荷物が届いた。大きな座椅子だった。八木下君の家にあったものと同じだ。背面と同じように座面もリクライニングになっていて、太腿のところが少し上がる。それが気持ち良いのだ。水元がそれに座って「こんなのに座って一日中本を読んでいられたらなー、俺もこれ買うよ」といったことを覚えていてくれたのだ。

水元は八木下君の家に電話をした。道代さんが出た。彼はお礼をいい、お金を送りますといった。すると道代さんが、

「水元君ががんばってるから、私からのプレゼントよ」といった。

それをきいたとたん、水元は涙ぐんでしまった。


この話をきいて私はグッときた。

道代さんは自分も親を介護した経験があるから、水元のたいへんさがわかり、座椅子をプレゼントして励まそうと考えたのだろう。

彼女が「私からのプレゼントよ」といったことにも、そのことを話す水元が涙ぐんだことにも心を動かされた。

困難に陥っている人にごく自然に手をさしのべることのできる人がいて、困難の渦中

にいても、自分を見ていてくれる人がいることを知って、ありがとうといえる人がいる。

こんな人たちがいること、こんな事実に出会ったことに、私は感動している。

この感情の中からなら、人としてこうした方が良いという内面の規律のようなものをつくり出すことができるような気がする。

何かひそやかなもの、まともであること。

三、ニュートンの林檎と粉ミルク

ニュートンは林檎が落ちるのを見て万有引力の法則を思いついたといわれているが、林檎が落ちるのを見て、なぜ、そんなことを考えついたのだろう、と叔父さんがいう。

それをきいていたコペル君も水谷君も北見君も答えはわからない。

叔父さんはこんなふうに説明する。

ニュートンは林檎が落ちるのを見て、十メートルの高さからだったらどうだろう？落ちる。では、百メートルだったら、やはり落ちる。千メートルだったら、一万メートルだったらと、どんどん高くしていき、月の高さまでになったとき、月は落ちてこないと気づいた。どういうことなんだろうと考えた。月は地球に引っ張られる引力と地球の周りを回っている推進力のバランスがとれていて落ちてこない。このことをきっかけに、ニュートンは重力と引力が同じ性質の力だという法則を発見していった。

林檎の木という身近なものから問題を見つけ考え続けることが大切なのだと叔父さんはいう。

この話が心に残っていたコペル君は、ある晩、赤ちゃんのときに自分が飲んでいたという粉ミルクの缶を見ていて、粉ミルクが自分に届くまでを考える。牛を飼う人にはじまり、牛の乳を加工する人、それを缶に入れる人、缶を運搬する人、それを販売する人……、と辿ると、驚くほど多くの見ず知らずの人々が関わっていることに気づき、ぼう然とする。そう思って見ると、部屋の中の時計も、アスファルトの道路も、先生の服も、目につくものすべてが、背景に多くの人々の働きがあることを発見する。そしてそれを「人間分子の関係、網目の法則」と名づけた。

コペル君はこの発見を手紙で叔父さんに知らせる。

叔父さんのノート
「人間の結びつきについて
——なお、本当の発見とはどんなものか——」

叔父さんは、コペル君が身近なところに問題を見つけ、自分の頭でここまで考えたことはすごいことだとほめる。ただ、そのことはすでに研究されていて、経済学では、

「人間分子の関係、網目の法則」のことを「生産関係」といっているという。

学問は人類の経験をまとめたもので、いくつもの発見が積み上げられて出来上がっている。その積み上げられたものを学び、その上で考えられたものが新しい発見なのだという。

大切なのは自分の問題を見つけること

叔父さんは、世の中の学問を修めた上で、意味のある発見や研究はできるのだという。もちろん、そうなのだ。しかし、この章で興味深いのは、ニュートンが林檎の落ちるのを見て、どのようにして万有引力を発見したのかという話や、コペル君が粉ミルクの缶から「人間分子の関係、網目の法則」を発見していく過程にある。

身近なところに疑問の出発点はあり、問題の発見があることがわかるところだ。

学問としての膨大な知識を学んでいくなかで、自分がその学問を志したときの問題意識が、いつの間にか薄れていることに気づく人は多いのではないだろうか。が、それでも消えない、自分に刻印された問題意識、それこそが、新しい発見や研究を生みだす原動力なのに違いない。

雑誌「思想の科学」の編集会議で鶴見は、

「マルクスがすごいのは資本論を書いたからじゃない。飢えという問題を見つけたからなんだ。問題を解決することよりも、自分の問題を見つけることが重要なんだ」といった。

自分の問題とは何だろう。

社会学者・上野千鶴子は、東京大学最終講義「生き延びるための思想」の中でこう話している。

「問題を抱えた人」と言ったときに、あるとき、学生からこういう質問を受けたことがあります。「先生、問題って何ですか?」と。時どき、こういう核心を突いた本質的な問いを投げかける学生がいます。そして、こういう問いにわたしは一瞬たじろぎ、虚を衝かれ、苦しまぎれに答えを出しながら、その答えに自分自身がビックリすることがあります。良い問いは良い答えを生みます。

「先生、問題って何ですか?」という問いに対して、わたしはそのとき、こう答えました。「問題って、あなたをつかんで放さないもののことよ」と。

わたしにとっては「女であること」が問題でした。[*14]

上野は「女であること」を問題として考え続け、日本の女性解放運動に大きな理論的支柱を打ちたてた。

鶴見にとっての問題は何だったのだろう。

こういっている。

私がいま書いてる著作も、いまここで話してることも、究極的には全部、おふくろに対する答えなんだ。私の話相手は全部おふくろなんです。そのように自分の生涯は集約されるような気がします。*15

鶴見にとっての問題は母親だった。

鶴見にはきょうだいが三人いて、姉と妹と弟がいるが、母親はとくに、長男の俊輔を育てることに力を注いだ。

父親は鶴見祐輔、東京大学を出て、鉄道院の官吏となる。その鉄道院の総裁が後藤新平で、その娘、愛子と結婚する。

母親、愛子が生まれ育った後藤家は武士の家だった。この家柄が彼女の精神の根本にあった。

安場の家（愛子の母の家――引用者）も、後藤の家も、中級か下級の武士から明治の日本の指導者層にはいったのだが、そのこどもたちが大名や公卿や財閥の子とならんで学校に行き同じ仲間の中で育ってゆくことに、警戒心をもっていた。[*16]

愛子は質素な暮らしの習慣を子どもにつけさせなければいけないと考えていた。

小学校に入る前、鶴見が夜明け前に起きて菓子の缶を棚から取って食べようとしたら、母親に見つかった。

「こういう恐ろしい子ができたのは、自分の責任だから、さしちがえて死ぬ」といったという。

二つか三つのときから折檻なんだ。これは子どもにとっては、ものすごく痛くてつらい。[*17]

小学校に入ってからも、母親の厳しいしつけは続いた。

母はくつろぐことのできない人で、そばにいるだけで、こどもの気持もぴりぴりして来た。

何となくのどかな気分で、母と一緒に、空の雲をながめている、というふうな記憶がない。いつ雷がおちるか、と思って、そのおちてくる雷にたいして用意している、というふうだった。一度、いなずまがおこったら、あとは落雷また落雷で、こちらが最終的な自己批判をするまでやむことがないからだ。*16

のどかな気分がないのは、母親自身が自分に厳しい人だったからだ。言行一致の人で、誠意が不足していると思って努力をしていた。息子へも誠心誠意で対した。もっといいかげんな人だったら良かったのにと鶴見はいっている。しかし、それが彼女の愛し方だった。

「一生分、愛された。それは、窒息しそうな経験だった」

ある夜、眼がさめて、自分の呼吸が隣の部屋から計られていると思った。そう思うと、たえられなくなって、ふとんをかついで、三階分の階段をおり地下のボイラ一室までいって寝た。そこまで降りても、この家にいるかぎり、母から自由に眠ることができると思えなかった。[*18]

正義はいつも母親の方にあった。

たとえば、時たま母親が息子に意見をきくことがある。「今日いっしょに町まで買いものに行きますか？　それとも家で勉強してますか？」と。そういうときでも母親は自分の答えをもっていて、そのとおりに答えないと許さないという感じが伝わってくる。

何よりもこたえたのは、こどものころのわたしには、母の正しさが疑えぬことだった。正義の道は、母が独占している。その道を、母の言うとおりに服従して歩いてゆくか。もしわたしが自由を欲するならば、わたしは悪をえらぶ他なかった。つねに、悪をえらぼう、これが、はじめにわたしのなかに生じた魂の方向だった。[*18]

鶴見は万引きをし、家出をし、女性と関係を結び、自殺未遂を繰り返し、学校を何度も退学した。
正義が独占されたとき、自由になるためには悪を選ぶしかない。しかし、自分は悪いことをしているという意識が自分を責める。悪人になるしか道はないのだが、その道を行く自分を自分が責め続けることになる。

わたしの思想の底には、単純なからくりが仕組まれているのだろう。わたしの母は、おそらく、わたしに糞便をきらうようにしつけた。自分の排泄への嫌悪。それがたやすく、自分の存在のうけいれにくさと結びついた。[*18]

自分の存在のうけいれにくさ、自分を責める気持ち、これが鬱病を発症させる。
鶴見は生涯に三回大きな鬱病になっている。十二歳、二十九歳、三十八歳のときだ。
三回の鬱病のそれぞれについて、上野千鶴子と小熊英二が質問をしている。
十二歳のときの鬱病について。

鶴見　小学校の最後の六年生のときの、試験の成績が、ビリから六番だったのを覚えている。だけどそこまで下がる理由を、おふくろはわからないんだよ。その頃の精神医学だと、子どもに鬱病はないってことになっていたんだ。だけど、私は明らかに鬱病だった。

上野　鬱病というのは、高すぎる理想や期待に追いつけないことから起こる、自己処罰の症状ですよね。自分を責めてしまうという。[*19]

二十九歳のときの鬱病。

十五歳でアメリカに留学し、母親と離れてから、非行をする意味がなくなり、ただただ勉強をした。その頃から、女性に関心をもたないように自分を訓練した。軍隊に行っても戦後になっても、それを続けた。しかし、雑誌「思想の科学」の編集や出版をしていると、周りに女性が増えてきた。惹きつけられる女性がいた。

「その女性と関係を持って、しかし結婚は言い出さなかったというわけですか」と上野がきく。

鶴見　いや、肉体関係はなかったんだ。こちらから結婚を申し込むということもしなかった。当時の私は、体が反射しないようにできちゃっていたんだ。まったく無関心を装っていたんだよ。だからその女性に近づかない。そのことが鬱病をさそいだした。

上野　それで自分を責めて、鬱病に……。

鶴見　あのねえ、女性への関心を断つとかいっても、ほんとうはできることじゃないんですよ。

上野　はい。

鶴見　ただ、私がそうして自分の秩序をつくった時期というのが、たまたま戦争と重なっていて……。

上野　はい。

鶴見　異常な人間だったと思うね。ただ、自分が人間として依然として平気で生きているってことが悪いんだっていう、罪の意識なんだよね。それが原因ですよ。

上野　自責ですよね。鬱の原因は大概そうですよ。[20]

三十八歳のときの鬱は、結婚したばかりの頃に起こった。
「結婚が引き金だったと」と上野がきく。

鶴見　それが原因なんだ。神戸に「キングスアームズ」っていう、ローストビーフの店があったんだ。そこに結婚した彼女を連れていって、食事して出てきた。そうしたら、あそこは水夫がよくお客にくる店なんだけれど、そのそばに五十歳ぐらいの娼婦、老いたる娼婦が立っていたんだよね。そのときに何か、ガタガタっとこう、膝が落ちるような気がしたんだよ。立っている足元から、じゅうたんが取られるような感じなんだ。
上野　それは何なんですか。
鶴見　つまり、「俺はこういう人と一緒になるべきだったんだ。老いたる娼婦と結婚することが自分に許されたことなんだ」ということ。

小熊　それは少年時代のカフェの女性とか、ジャワ時代の女性の姿が重なって……。

鶴見　だからもう、「そういう自分がいま籍なんか入れて、女性と結婚している。これは恥ずかしいことだ」と。それは、鬱病が起こっているからそうなるんだ。足元が崩れてくる。それから一年半、ひきこもりなんだ。だいたい鬱病はねえ、私にとって有利なことを、自分が引き受けたことによって起こるんです。

上野　これはもう、完全な自罰ですよね。

鶴見　それが、おふくろが私に植え付けた病気だと思う。[*21]

鶴見はこう書いている。

たとえば、そこにあるリンゴを食べたいと思う。右の手が伸びるより先に、左の手がナイフをとって、自分の右の手を刺す。そのようにくみたてられたロボットとして、自分は生き、そういうロボットであるよりもそのロボット自体をこわしてしまいたいと思って生きて来た。[*18]

母親との関係で、自分の体の中に埋め込まれた自罰の仕組み。この問題との格闘が鶴見の思想の根源にある。自分でいっているとおり、彼の仕事のすべてに、この問題との格闘の跡がある。

鶴見哲学は自己救済の哲学だ

鶴見が自分を救うために行った仕事がある。

「かるた」と題された一連の文章だ。

「かるた」(一九五一年)、「戦争のくれた字引き」(一九五六年)、「苔のある日記」(一九五八年)、「退行計画」(一九六八年)の四つの文章がある。

自分の経験や感情や思考を短い文章にしたものが絵札で、それに対して読み札として抽象的概念を与える。哲学的断章といったものだ。

詩人の谷川俊太郎が「かるた」を読んで、こういっている。

「かるた」というのは、いま、詩人の鈴木志郎康さんなんかが読んだら、びっくり仰天するような内容のものだと、ぼくは思ったんです。

　現代詩のある面の要素もあるし、アンチ・ロマンの要素もある。[*22]

「かるた」は、哲学でもあるし、詩でもあり、随筆でもあるような、不思議な文章だ。鶴見は十三歳の頃に思いついて、アメリカに行き、大学に入ってからも、「これが自分の仕事だという自覚があった。ただ一つ、自分はこれだけ書ければいいと」思っていたという。

　三つほど、断片を紹介する。


　僕がここに今ひとりいる時、他の人たちは、この場所の外れの僕に見えない所で、何かこっそり言っている。またあらわれて僕のそばまで近づくと、それまでのことは急に知らないふりをして、約束通りに色々の事を言ったりしたりするのだが、また幕の外に出て行くと、今までの衣裳をぬぎすてて別の姿に帰り、何か別の事を言っている。僕だけが、いつもその相談から除け者にされる。他の人は幕の外に出ると、今の衣裳をくるくるとぬぎすてるのだが、僕だけはこの舞台をはなれる事ができず、くつろぐ事ができず、いつも舞台のまん中にいる。(世界[*23])

他の人たちから仲間はずれにされているような気がするというのは、自意識過剰な少年期には誰もが感じるようなことだが、「くつろぐ事ができ」ないというのは、やはり、一日中、母親の圧力を感じている鶴見少年独特のものだろう。それが「世界」を覆っている。

午前十一時ころか、人のいない風呂場にかかっている馬蹄形のホースを見ると、きまって、ある感情が自分の中に正確に呼びさまされる。いつも、同じだ。それが、いつも同じだという保証はないような気もするので、今度こそは、もうその感じがあらわれないかと思ってそこにゆくと、今度も、それは確実にあらわれる。その確実性をたしかめるだけのために、何度も、昼間の風呂場にひとりで行った。そこには、象形文字を解読するような確実な手ごたえがあった。相手が文字ではないのだから、言語以前の思想の形成術といったものだ。[*18]

風呂場の蛇口にかかっている馬蹄形のホースを見ると、ある感情が呼びさまされるという。そのことが気になって仕方がない。少年期にはありがちなことかもしれない。しかし、それを大人になっても忘れず、文章にするというところに、鶴見の独特の感性がある。

もりきれないほど多くのものを自分の皿にもろうと望まないこと。自分の領土をせまくかぎり、自分に必要な最小量以上のものを、かたくこばむこと。(後略)(理想について)(価値について)[*24]

「理想は低く」。これが鶴見の生活信条のひとつだ。それは鬱病への対処法でもあった。

「かるた」の各文章は、哲学が生まれる混沌とした土壌のようなものだ。鶴見にとってはこうした文章を綴る必要があった。母親が植え付けた自分を罰するという仕組みから、自分を救うためだ。

鶴見にとって、哲学も歴史も伝記もコミュニケーション論も、その根源には自分を救うという動機があった。とくに、漫才や漫画といった大衆芸術の研究は、自分を肯定し、やすらぎを与えてくれるものだった。

戦争中に「戦争反対」といって指一本上げられなかった自分が嫌で、戦後しばらくは顔をあげて道を歩けないぐらいだったという。そんな鶴見を心配して、下宿のおばさんが寄席に連れて行ってくれた。それが気に入って、彼は何度もひとりで行くようになる。その寄席は場末にあって、売れない漫才師たちが出ていた。一日中寄席にいると、何度も出てくるので、ネタがなくなり、漫才師たちは以前携わっていた職業についての身の上話をはじめる。彼らはいろいろな職業からの脱落者だった。そのことを笑いのネタとして話す。生き生きと話す。そのことに鶴見は衝撃を受けた。その衝撃をすぐには言葉にできなかったが、ハンナ・アーレントの「イサク・ディネーセン」という評論を読んで、わかった。ディネーセンが若い頃の失敗について語っているところが参考になったと書いている。

それは、物語があらわれるのを辛抱づよく待つかわりに、あらかじめ考えておいたとおりの型にあわせて自分の人生に干渉してゆく「罪」。なるほど、人生におけ る「罪」というものを、このようにとらえているのか。おれのおかしていたのはこの罪なのだな、と私は思いあたった。その共感は、自分の生き方、思想、学問の流儀に対して、漫才小屋で一撃をうけた時の感じに近かった。

それは、むずかしく言う必要のないことかもしれない。すべて自発的な行動のあるところ、いきいきと人が自分の人生を生きているところ、しばられない表現のあるところには、どこにでもあることなのだろうが、ともかく私にとっては、漫才、それも、すぐれた漫才の型がくずれてほとんどシロウト同然になったレヴェルでそれに出会った時に、この自覚がおとずれた。[*25]

最初の鬱病の話のときに、上野が「鬱病というのは、高すぎる理想や期待に追いつけないことから起こる、自己処罰の症状ですよね。自分を責めてしまうという」といっていた。

この「高すぎる理想や期待」が前の文章にある「あらかじめ考えておいたとおりの型」ということだろう。「こうあるべき」という型で自分を押しつぶすのは、人生における罪だという。「こうあるべき」を捨てて、「あるがまま」の自分を認めれば、人は生き生きできるのだ。

下宿のおばさんと寄席に行ったのは一九四九年のことだった。その後、一九五二年くらいから鶴見は元気になる。書く文章書く文章（「二人の哲学者」「らくがきと綴り方」など）、感動的で、「鶴見らしさ」が生き生きと表現されている。

「鶴見らしさ」とは何か、といえば、「こうあるべきだ」という理論や原理で人や出来事を裁断しない。間違いや失敗を、まず認める。一人ひとりの「私」を大切にするということだ。

それは、母親からの抑圧で仕組まれた自分を罰するという傾向から自分を救うことでもあった。鶴見の思想は自分自身を救済する必要から生まれたものだったことがわかる。自分を救う思想だから、他人もそれによって、救われるのだった。

KJ法で自分の問題をつかまえる

鶴見の問題としての母親があまりに強烈すぎて、平凡に暮らしてきた人には参考になりにくいかもしれない。そんな人のために、私が自分の問題を見つけた経緯を書いておく。

一九九四年三月二〇日（日曜日）、四十四歳の私は机の前に座っていた。暖かい日で、窓から陽が差し込んでいた。掃除は昨日したし、洗濯物はすでに干し終わり、夕飯の用意もしてある。しなければいけないことは何もない。私は頬杖をついて、ふと思った。

〈私の問題とは何なのだろう？〉

こうして、私の自分を掘る作業ははじまった。

休日を使った作業は終わるまでに一カ月近くかかった。

その過程を簡単に紹介する。

中学生の頃からつけている日記を出してきて、机の上に積み上げた。自分について考えているところに付箋を貼った。十数カ所あった。そのときに考えていたキーワードを単語カードに書き出した。カードは九枚になった。中学生や高校生の頃に考えていることは幼稚で恥ずかしかったが、そのまま取り出すことが重要なのだと思い、書き写した。

「ズシリと重い生」

中学生の頃、自殺しようと思えばできるのに、なぜ自殺しないのかと考えた。天秤を想像した。天秤の右が生、左が死。死よりも生の方が重いから私は自殺しないのだ。死なないためにはいつも生の方を重くしておかなければいけない。

「充実感」

無気力で無関心で無責任な高校生だった。生徒会活動にも運動会にもまったく参加しなかったのに、日記には「充実感をもって生きたい」と書いている。

「表現する」
高校生の春休み、部屋で油絵を描いていたら、ドアから母親がのぞいて、「あなた、こんなことしてるときが一番楽しそうね」といった。〈ああ、私は表現することが好きなんだ〉と自覚した。

「自分をつかむ」
表現したい。しかし、自分に何か能力があるのだろうか。小学生の頃から振り返っても、絵がうまかったわけでもないし、作文が上手だったわけでもない。他人よりも秀でたものが何も見つからない。努力、これしかないだろう。

「何を仕事にするか」
自分にできる表現とは何だろう？　と悩んでいる。結局、技術がなくてもなれるものは映画監督しかないと考える。いまから思えば安易な考えだ。しかし、それはその後、私の中で強い思い込みとなって、長い間居座ることになった。

「他人にほめられたい」

ひとり暮らしをはじめた大学生の頃の日記。いままで自分は先生や親の目を気にして生きてきた。いまも、ゼミの先生や先輩に良く思われたい、ほめられたいと思って行動している。

ずいぶん後になって読んで知ったのだが、ほめられたい性格について、鶴見がこんなふうに書いている。

アメリカ人の脱走兵の多くは、原理の上でベトナム戦争に反対だというだけではなく、自分の性格の中に軍隊に反撥する何かをもっている。その何かは、いろいろなのだが。こどもの時からまじめで教師や親からほめられて育ち、今でも「あの男がベトナム戦争に反対なのは残念だが、しかし立派な男だ」とほめてもらいたいと思っている人は、脱走兵にはならない。*26

耳が痛い。ほめられることが好きで、ほめられたいと思って生きてきた人は権力に弱い。確かにそのとおりだ。

「傷つく」

先生や先輩、ゼミやサークルの仲間の中で、自分の意見が通らなかった、無視されたといっては悩んでいる。傷ついたと書いている。ほめられたいという性格の裏側にあるものだ。

「やりたいことと食うためのこと」

社会人になってからの日記。記録映画の会社に入ったが、仕事は企業のPRや官庁の広報ばかりだ。人間を撮りたいという自分の希望とは違っていた。仕事は「食うためのこと」とわりきり、余暇で自分の「やりたいこと」をやるしかない。しかし、一日のほとんどの時間を「食うためのこと」に使っていて良いのだろうか？

「将来のために現在を手段化している」

三十代の頃の日記。目標を立てて、将来のために現在を生きている。ずっとそうだった。大学に入るために高校があり、就職するために大学があり、「やりたいこと」のために現在の仕事を我慢してやっている。この態度が身についているから、現在の問題に立ち向かうことができなかった。暴力にさらされたときに、こんなヤツを相手にして死んだら損だと思って逃げた。恋人に別れ話をされたときに、自分には仕事があるからとサッと身を引いた。社長が会社を放り出したとき、自分には完成させたい文章があるからと自主管理に賛成しなかった。つまり、この態度は結果として、「将来を口実に現在を回避する」ものとなっていた。

九枚のカードを模造紙の上に適当な間隔を置いて貼った。それぞれのキーワードとキーワードの関係を考え、矢印をつけた。たとえば、「他人にほめられたい」（から）↓

「表現する」。「自分をつかむ」（才能がないから）↓「将来のために現在を手段化している」（努力するしかない）……、というように、カードとカードの間を因果関係で結んだ。それを文章化する。

これは、ＫＪ法という。川喜田二郎がフィールドワークを行い、チームで研究を進めていくときの方法として考え出したものだ。様々な事象について何人かで考えていくときにたいへん役に立つ。

それを、自己分析の方法として使ってみた。自分をひとつの事象のように扱うことにした。

カードとカードを矢印でつないだものを文章にするとこうなった。

「私は、充実している日々を生きたい。充実とは自分が打ち込めるものがあるということで、それは私にとっては表現だ。

表現を仕事にしたい。しかし、私には才能がない。

表現したい理由のひとつに、他人にほめられたいということがある。だから逆に他人に認められないと簡単に傷つく。

才能のない私は、やりたいことと食うためのことを一致させられない。努力するしかない。

将来を考えて現在を過ごしている。そのために、現在起こる出来事と向き合えていない」

私は模造紙を三時間近く眺めていた。

発見が二つあった。

ひとつは、中学生の頃から三十年間も「表現者として生きたい」という単純な欲望をもって生きてきたということだ。

三十年間、長い歳月だ。それなりにいろいろなことがあった。暴力に屈したこともあったし、受験もした。学生運動に参加して悩んだし、恋愛もした。どうにか映画会社に就職したし、結婚もした。様々な出来事があり、いろいろなことを考えてきたつもりだ。

だが、それらの現象を通してたったひとつの単純な欲望が私を突き動かしていた。「表現者として生きたい」、と。

なんて単純な人間なんだろう。

誰でもそうなのだろうか？

いくつもの現象を洗い流すと一本の背骨のような太くて単純な欲望が現れてくる。

もうひとつは、模造紙全体から、悩みもがいている男の姿が浮かび上がってきたことだ。

表現者として生きたい。しかし、才能がない。それなのに表現することをあきらめきれずに苦しんでいる。

〈痛いな〉と思った。

さらに模造紙を眺めていて、ふとこの〈痛さ〉には普遍性があるのではないかと思った。

「他人よりも秀でたところのない砂粒のような存在だと自覚しなければならないとき、

人はどう自分を支えるのか？」

これは私の問題だ。そしてたぶん多くの人に共通する問題だ。

四十四歳のときに、私は自分を掘った。そして、普遍的だと思える問いを手に入れた。この問いを手に、人と会い、話をきき、そのことを文章にしてきた。

そして、『友がみな我よりえらく見える日は』や『喜びは悲しみのあとに』や『雨にぬれても』……などの本となった。

とにかく、私は自分を掘り、自分の問題を手に入れた。こんな仕方なら、誰にでもできるのではないだろうか。

コツがあるとしたら、なるべく自分の嫌なところ、痛いところと向き合うということだ。

痛いところにこそ普遍性はある。

四、貧しき友

浦川君が休んでいるので、コペル君は学校の帰りに見舞いに行く。浦川君の家の豆腐屋は小さな商店街の中にあった。

店で浦川君は働いていた。雇っている若い人が風邪をひいて寝込み、父親は金策のために故郷に行っていていないので、手伝わなくてはならないのだという。彼は油揚を上手に揚げている。客の相手をしている浦川君のお母さんは元気が良く、コペル君が息子を訪ねてきてくれたことを喜んでいる。

勉強が遅れるのを心配している浦川君のために、学校で習ったことを教えに来る約束をする。

浦川君の部屋で話をしていると、妹が鯛焼きとお茶を運んでくる。いっしょに来た小さな弟が鯛焼きを欲しそうにじっと見ているので、コペル君は鯛焼きをあげる。

(ここのところで、コペル君は鯛焼きを食べたことがない、と書いてある。お母さんがそういう粗末な菓子を食べるとお腹をわるくするといけないので、食べさせなかったのだそうだ。山の手の家庭とはそういうものだったのだ)

叔父さんのノート
「人間であるからには
――貧乏ということについて――」

コペル君の家は裕福だし、上流階級だ。叔父さんは、いまの社会は浦川君の家のような貧しい人々が多いのだという。貧しいということと人間性は別のことで、階級に関係なく立派な人はいる。だが、下層階級の人々は貧しいというだけで、劣等感を抱いている人が多く、傷つきやすい。そのことを知っておかなくてはいけない。

浦川君は立派に働いていた。モノを生産していた。すべての人が生産物を消費している。生産物がなければ消費もできない。だから、モノでも文化でも生産している人の方が消費している人よりも大切に扱われるべきなのだという。

優遇された出自から自分を切り離す「家殺し」

この章では貧困問題が扱われている。

日々の食事が手に入らず、住む場所もなく、人間として最低限の生活が営めない状況を「絶対的貧困」というが、地球規模で見るとき、この問題は解決されていない。国連は「極度の貧困や飢餓の撲滅」を目標に掲げている。

経済の地球規模化は、中国やインドの経済に影響を及ぼし、この二、三十年で大きく改善してきた。二〇一五年に発表された国連報告書によると、一日の生活費が約一五〇円未満の「極度の貧困状態」にある人口は、一九九〇年には十九億人いたものが、二〇一五年には八・三億人にまで減ってきている。

それは一方で、いまだ、八・三億人もの人々が極度の貧困状態にあるということでもあるのだが。アフリカ大陸のサブサハラと、バングラディシュなどの南アジアに集中しているという。

いまの日本で問題になっているのは「絶対的貧困」ではなく、「相対的貧困」だ。

「相対的貧困」とは、全所帯の年間の可処分所得を一人当たりに換算し、所得を低い順から並べ、中央値の半分に満たない人をさす。二〇一五年の厚生労働省の調査によると、中央値が二四五万円なので、一二二・五万円（月収だと一〇・二万円）以下が「相対的貧困」となり、その割合は、全人口の一五・六パーセントだという。一九九一年には一三・五パーセントだったから、「相対的貧困人口」は増えていることになる。いまや六～七人にひとりが貧困ということだ。

さらに、このことが問題なのは、子どもの生活に影響を与えているということだ。お金がないので進学をあきらめるといった教育の問題だけでなく、健康面でも重大な問題が発生している。大阪府歯科保険医協会の調査によると、家庭の貧困などによって歯科医にかかれないために、小・中・高で、十本以上虫歯があるなど口腔崩壊の子がいる学校が半数近くになっているという報告がある。

叔父さんはコペル君に貧困問題があることを知らなければいけないといっていた。そして、コペル君のように何不自由なく生活できているのは、ありがたいことなのだと。

鶴見はコペル君の家以上の上流階級の出身だ。
戦争中、アメリカから帰ったばかりの頃、民衆から襲われると思っていたという。

私は上層出身です。日本人全体の上位一パーセントの暮らしをして、薄々、まずいなとは感じてたんだ。(中略)
私の家は麻布にあったんですが、いずれ民衆が入ってきて全部つぶされると思っていました。(中略)だが、私の日本社会に対する把握はまちがっていた。[*27]

鶴見は上層出身であること、それが祖父や父親の力によるものであることに負い目をもっていた。

子どものときは、お祖父さんのおかげで偉いように見られて、世間からは優遇されていたわけです。それが、自分の力みたいに感じていたんだ。そのことが逆転して、非常に申し訳ないという気持が、ずっと残っているんだ。[*28]

自分の出自に対する負い目と同時に、自由主義者だった父親が、戦争中に戦争支持者に転向したことに憎悪を感じ、鶴見は家の世話にはならないと決め、家を出た。自分の力で生活費を稼がなければならなくなった（その後何年も経って、父親が寝たきりになり、めんどうを見るために家に帰り、鶴見は父親と和解した）。

一九四七年に、桑原武夫さんから京大の助教授として来てくれと言われたときも、私はまず「給料はいくらですか」と聞いたくらいなんだ。桑原さんは、そんなことを聞かれると思っていなかったから、答えられなかったんだけれどね。私は、なんとしてでも自分だけの力で暮らしたいという思いをもって過ごしてきた。[*29]

かなり後年になって、「思想の科学」の集まりで、鶴見はこんなことをいった。
父親の家を売った金が入ったが、それを、評論家のいいだ・ももに頼んで（彼はかつて日本銀行に勤めていた）、運用を頼み、その金を雑誌「思想の科学」を出すのに遣った。全部遣いきった、と。

その話をきいたとき私は、「思想の科学」の資金面のことをいい残しておこうとしたのだろうと思ってきいていたが、いま考えると、父親からの金はいっさい、自分のものにはしていないということを表明しておきたかったのだと思う。

それくらい、優遇された出自から自分を切り離したいと思っていたのだ。

鶴見の息子の鶴見太郎はこういっている。

　自分の生まれた家を内面的に殺す「家殺し」は、壮絶でした。[*30]

柳田国男研究者の太郎だから、柳田の概念の「家殺し」という言葉を使ったのだろうが、いかに鶴見が自分の出身階級を否定しようとしていたかが、恐ろしいくらいに伝わってくる。

鶴見は、他人から、「上流階級の出だから」とか「良い家柄だから」とかいわれることを嫌った。

出自は責任を問われる必要のないことだ

哲学者・市井三郎は、その著『歴史の進歩とはなにか』の中で、進歩を測る尺度を苦痛の軽減としたらどうか、と提案している。

各人（科学的にホモサピエンスと認めうる各人）が、自分の責任を問われる必要のないことから受ける苦痛を、可能なかぎり減らさなければならない。[*31]

こういう倫理的価値理念をたてて、このような苦痛が少ないことを進歩と考えようと提案した。

歴史発展の指標として、苦痛量の軽減を提案した人は、市井以外にいないと思う。「各人が責任を問われる必要のないこと」という言葉は、考えぬかれている。自分の周りにぐるりと線を引き、その外側はすべてという、包含関係がはっきりしている。線の内側は自分の責任を問われても仕方のないこと。外側は自分の責任を問われる必要のないこと。つまり自分の努力ではどうしようもないことだ。

では、その自分の責任を問われる必要のないこととして、市井は具体的にはどんなことを考えていたのだろう。

どのような人種・民族・階層の一員として生まれるかは、各人の責任を問われる必要のない事柄である。また幼少時に、どのような文化パターンの鋳型にはめこまれるか——特定の言語で思考し、特定の社会感情を身につけ、多くの場合、特定の宗教に結びつくようにさえさせられること——は、これまた各人の責任を問う必要のない事柄なのだ。[*31]

肌の色が違うから、〇〇人だから、下流階級の出身だから、上流階級の出身だから、女性だから、イスラム教徒だから、……といったようなことで苦痛をこうむる社会は、遅れているということだ。

鶴見のことを、「上流階級の出身だから……」ということは、「下流階級の出身だから……」というのと同じように、ある種の差別だ。

そういわれて、鶴見は反論をしない。嫌な顔をしただけだった。

階級差から生まれる悔しさ

私の父は沖縄県宮古島の出身で、小学校しか出ていない。母も小学校卒業だ。二人ともよく働いた。日本が経済的に発展する時期だったこともあり、世間並に電化製品が家に入ってきたし、家を二階建てにして子供部屋ができたりもした。周りも同じような生活状況だったし、かつ、戦後民主主義教育を受けて、人間は平等だと教わったこともあって、階級的な劣等感をもつことはなかった。

しかし、社会に出て、上流階級の人とつき合ったりすると、趣味や教養の点でかなわないなという感じをもつことがある。それが文化資本の違いということなのだろう。

そういうときに「悔しい」という感情が湧きあがってくる。そして、人の話をきくときも、とくに「悔しい」場面に共感するようになった。

たとえば、こんな話とか。

門田仁（六十歳）は中学校を卒業してすぐに製薬会社に就職した。十五歳の少年工員だった。流れ作業の現場に立ち、職長に怒鳴られて仕事を覚えていった。

社内で勉強して、ＭＲ（医薬情報担当者）の資格をとった。四十三歳のときだ。ＭＲは大学卒業者ばかりだった。

各社のＭＲや卸しや薬局の人たちが集まる宴会の席で、酒が入ると決まって出身校をきく薬局の人がいた。その人は門田が中学校しか出ていないことを知っていた。

「その話がはじまったら」と門田はいった。「毎回、席を立ってトイレに行くふりをしてました」

「席を立つとき、どんな気持ちでしたか？」私はきいた。

「悔しいっていうか……」そういったきり門田は黙りこんでしまった。

郵便はがき

料金受取人払郵便

代々木局承認

1536

差出有効期間
平成30年11月
9日まで

1518790

203

東京都渋谷区千駄ヶ谷4-9-7

(株)幻冬舎

書籍編集部宛

1518790203

ご住所 〒
都・道
府・県

フリガナ
お名前

メール

インターネットでも回答を受け付けております
http://www.gentosha.co.jp/e/

裏面のご感想を広告等、書籍のPRに使わせていただく場合がございます。

幻冬舎より、著者に関する新しいお知らせ・小社および関連会社、広告主からのご案内を送付することがあります。不要の場合は右の欄にレ印をご記入ください。

不要 □

本書をお買い上げいただき、誠にありがとうございました。
質問にお答えいただけたら幸いです。

◎ご購入いただいた本のタイトルをご記入ください。

『　　　　　　　　　　　　　　　　　　　　　　　　』

★著者へのメッセージ、または本書のご感想をお書きください。

●本書をお求めになった動機は？

①著者が好きだから　②タイトルにひかれて　③テーマにひかれて
④カバーにひかれて　⑤帯のコピーにひかれて　⑥新聞で見て
⑦インターネットで知って　⑧売れてるから／話題だから
⑨役に立ちそうだから

生年月日	西暦　　　　年　　　月　　　日（　　　歳）男・女			
ご職業	①学生	②教員・研究職	③公務員	④農林漁業
	⑤専門・技術職	⑥自由業	⑦自営業	⑧会社役員
	⑨会社員	⑩専業主夫・主婦	⑪パート・アルバイト	
	⑫無職	⑬その他（　　　　　　）		

ご記入いただきました個人情報については、許可なく他の目的で使用することはありません。ご協力ありがとうございました。

その後、親しい得意先に、

「私中学しか出てませんのや」と思いきっていってみた。

すると得意先は、

「そんなことどっちでもいいことや」と答えた。

門田は肩の荷がすっと下りたように感じた。

戦後民主主義教育は「人間は平等だ」と教えた。が、それは「人間は平等であるべきだ」であって、現状が平等だということではなかった。

人は出自を選べない。人生のスタートは不平等だ。私の父のように裸足で草刈りをする子もいれば、父親の書斎に入って虎の皮の敷物の上で本を読む子もいる。

私は、その人が出発点から努力によって、どれだけ自分の生活や精神を向上させたかという尺度が大切だと思っている。その尺度で見るならば、ＭＲになった門田の人生はかなりいい線をいっているのではないだろうか。

「娘が高校に入ったとき記念写真を撮ってやったんです」と門田はいった。「あどけない表情で制服もぶかぶか。それを見てね、ああ、自分はこんな時分から働いてたんやなーと思いました」

五、ナポレオンと四人の少年

正月、コペル君と北見君と浦川君は水谷君の家へ遊びに行く。そこで水谷君のお姉さんのかつ子さんからナポレオンの話をきかされる。どんな困難も苦しみも乗り越える英雄的精神が素晴らしいとかつ子さんはいう。コペル君は感心する。

叔父さんのノート
「偉大な人間とはどんな人か
——ナポレオンの一生について——」

叔父さんは、ナポレオンの勇気、決断力、意志の強さなどには学ぶものがあるが、それらの力によって行ったことで、人類の歴史に役立ったことは何かを問わなければいけないという。

ナポレオンの場合、皇帝になるまでの間、封建制度を倒して自由な世の中を作ろうとしたことは役立ったが、その後、皇帝になってからは権力のための権力をふるい、人々にとっては迷惑な存在になっていった。

どんなに英雄とか偉人とかいわれている人でも、人類の何万年もの歴史の中において考えなければならない。そうした流れを見るとき、ひとりの一生などわずかなものでしかないことがわかる。

『日本の百年』は地を歩く人の眼で書かれた歴史書だ

鶴見は『日本の百年』『戦時期日本の精神史』『戦後日本の大衆文化史』といった歴史の本を書いている。

『日本の百年』は十巻からなる本だ。一八五三年（黒船の来航）から一九六〇年（六〇年安保闘争）までの、およそ百年間の歴史が書かれている。

ともかく、この本は面白い。

その面白さを二つほど紹介する。

天皇に爆弾をぶつけて殺そうと計画していたということで、幸徳秋水をはじめ二十四名が死刑判決を受けた「大逆事件」（一九一〇、明治四三年）は、でっち上げられたものだった。

しかし、それが明らかになったのは、第二次世界大戦後のことだ。

実際上、天皇への「大逆」を企図した人物は、宮下、管野、新村、古河の四人であり、他の二十名はいずれもこのフレームアップによって殺戮されたものであった。しかし戦後の大逆事件研究が、事件のデッチアゲを強調し、天皇権力の陰謀にすべてを帰そうとする傾向にたいしては、別の意味からこれにあきたりない人びとが生き残っている。それは明治末年、秋水の周辺に漂った陰惨な絶望、暗い分裂した情熱、破壊的な衝動をそのままに受けつぎ、いまもなお同じ情熱をいだいている人びとである。茨城県常陸太田市磯部に住まう根本秀之介（一八七六―）もその一人である。

一九五六年（昭和三十一年）八十歳の正月を迎えた日、彼はつぎのような賀状を知人に送っている。

「昭和三十一年元旦を迎えるに当たり、愚感を叙しごあいさついたします。（中略）〝命長ければ恥多し〟とか、私も本年八十歳を迎えることになりました。まったく意外であります。私を知る限りの者、自分はもちろん、医者も友人も家族も私の今日あることを想像した者は一人もありません。こと志と違い、とはこのことであります。老後の計画など夢にも見たことはありません。しかるに老後が現実でありま す。いまさら長命を悔むのではありませんが、真に逆境そのものであります。老いたりといえども元気は少しも衰えません。自殺が道でないとすれば、まったく命を持てあまします。何か用うるところはありますまいか。必要とあれば、放火、殺人、強盗、強姦、何でもやります*32」

八十歳の老人の年賀状だ。

幸徳秋水と交流した当時は二十代、秋水の影響を受けて天皇暗殺を前提とする革命参加を決意していたのだという。しかし、参加する前に秋水らは逮捕され死刑となってしまった。その後、暗い情熱は燻《くすぶ》りつづけたまま八十歳まで生きながらえた。そしてなお、その情熱は燻り、燃え尽きたくてあえいでいる。

個人の手紙や日記や覚書には想像を超える魅力がある。

もうひとつ、『日本の百年』から紹介する。

敗戦後に変化した生活や風俗のなかのひとつに、男女の関係に対する意識がある。性について気楽に話せるようになった。そうなるについては、夫婦雑誌（性生活の指南などの記事を載せていた。「夫婦生活」がその代表）のはたした役割が大きいという。

戦後には数多くの国際結婚がうまれたが、その中でもっとも成功した例として大衆に印象づけられたのは、岸恵子とフランスのイヴ・シャンピ、谷洋子とフランスのローラン・ルサフール、淡路恵子とフィリッピンのビンボー・ダナオとの結婚である。ことに淡路恵子は、日本人同士のあいだに見られなかった楽々した男女の愛情の身振りをくりひろげることで、改革的な影響をあたえた。

「**淡路恵子**　あちらの人、キッスが上手だからもうボーッとなっちゃう。（笑）

清川虹子　あんた、ビンボーさんにそれで参っちゃったの。
淡路　そうよ。(爆笑)
八千草薫　だからキッスしたら負けよ。もうどうでもよくなっちゃう。
淡路　結婚してしまえば生活は快適だし、夫はハンサム、それでいて親切だから。(笑)
木暮実千代　悪いとこないみたい。
清川　ビンボーさんみたいにタフだとね。ちょっとやそっとじゃ参らないものね。(笑)
淡路　そうよ。
清川　あなた、どんなことといったら恥ずかしがるの?
淡路　いくら仲がよいといわれても恥ずかしくないわよ。当然だもの。
清川　それじゃもうやめよう。(笑)」(「夫婦生活」一九六〇年一月号)*33

こういう座談会を引用する歴史の本はめずらしい。男女の関係の在り方は、総理大臣が代わるような短期間の変化ではないから、変わったとしたら、それはより根源的な歴史の変化だということになる。

『日本の百年』はどこを書き写しても、引用文にぶつかることになる。というのは、この本は体験記を中心に、様々な記録を組み合わせてできあがっているからだ。

そこが面白さの源だ。

この本は、客観的な神のような視点からは書かれていない。様々な個人の視点を複合して歴史を描きだしている。

鶴見はこの本の方法意識についてこう書いている。

この十冊は、空を飛ぶ鳥の眼から見た歴史の見とり図と対照になるような、地を歩く人の眼から見た現代日本の案内図である。[*34]

『日本の百年』は、一人ひとりの「私」を重視している。その理由のひとつは、人々の日常的な行動が歴史をつくり出しているると考えているからだ。人類の歴史を考えるとき、歴史は歴史をつくろうと意図した力でできあがっているのではなく、人々の日常的な行動の集積によってできあがっている。

鶴見はこう書いている。

明治維新にしても、それをつくりだす行動は、明治維新を実現しようというはっきり自覚された意図でなされる一挙手一投足によってつくりだされたものではないだろう。まして、明治の日本というもっと漠然としたひろがりをもつ事件については、明治の日本をつくるという意図でなされた行動ではなく、今日の食事をするとか、今日の仕事をするとかいう日常的視野にかぎられた行動のつみかさねが、明治時代をつくったものだろう。[*35]

現在の出来事を歴史の厚みをもって切る

『戦時期日本の精神史』は、戦争中の人々の思想を中心に、『戦後日本の大衆文化史』

は、人々の暮らしぶりに結びついた文化を中心に描いているが、二つの本にはひとつの方法意識が働いている。

それは「厚く切る」という方法だ。

鶴見はこの二冊の出版よりも、およそ二十年前にこう書いている。


現在を現在としてうすく切ってはいけない。われわれの力のゆるすかぎりの厚みを持つものとして、現在のどんなニュースをもとらえるべきだ。地球の歴史の厚み、人類の歴史の厚み、エジプト以来の記録された歴史の厚みをフルにつかって、今もってこられたばかりのニュースを判断することができるといいのだが、私としてはたかだか、十五年戦争以来のこととして、また明治維新以来のこととして、現在の日本の状況をあるていどの厚みをもって切ることができるばかりだ。だがもっと勉強していつかは、『古事記』以来の流れの中で、日本の伝統そのものの厚みをもって現在の日本の状況を切りとってみるところにまで進み出たい。*36

現在だけでなく、歴史上の出来事（歴史上の現在といってもいいだろう）も、伝統の厚みをもって見るというのがここに書いてある方法だし、その厚みをますことが鶴見の希望だった。

そして、その後希望は達成された。

『戦時期日本の精神史』では、明治時代以前からある「鎖国性」（島国の中でお互いになじむことを重んじる文化）という伝統の力が、転向、非転向のどちらの方向にも、自発性を支える強い力として作用していたことを分析している。

『戦後日本の大衆文化史』では、二千年間にわたる「中央の神」（普遍化を要請する）と「土地の神」（昔からある習慣を守る）との対話として文化を見ている。たとえば、TV（「中央の神」）は人々に画一化を方向づけるのに対して、漫画や漫才（「土地の神」）は画一化からズレて、ちぐはぐな感じをつくり出す役割をしている。

こんなふうに、「戦時期」も「戦後」も『古事記』以来の歴史の厚みをもって切られている。

コペル君の叔父さんの、ナポレオンのしたことを人類の歴史の中において見るべきだ、という考えは、「厚く切る」につながる。

六、雪の日の出来事

水谷君の家に遊びに行ったときに、北見君が上級生からねらわれているという話になった。柔道部の上級生を中心に、生意気な下級生は制裁すると主張していた。

水谷君とコペル君は先生に話した方が良いといったが、北見君は怖がっていると思われるから嫌だという。浦川君は、北見君が殴られそうになったら、みんなで北見君のそばにいようと提案した。

「なんにもしない北見君が殴られるなら、僕たちもいっしょに殴られてやるって、そういってやるのさ。そうすれば、まさか殴れやしないよ」

それをきいたかつ子さんが、「それが一番いいわ」といい、みんなも賛成し、指切りをしてかたい約束を交わした。


それから一カ月以上が過ぎた。

誰もが上級生が下級生を制裁するなんて噂だったのだと思いはじめていた。

その日は雪だった。

昼休みの校庭は雪遊びの生徒たちで賑わっていた。雪だるまをつくる子たち、雪合戦をする子たち、子どもたちは走り回っている。追っかけたり、追っかけられたり……。

午後になり、授業中、コペル君は校庭の雪を見てはそわそわしていた。

授業が終わると同時に、コペル君は校庭に飛び出した。雪玉をつくると、出てきた水谷君と北見君をめがけて投げた。二人はコペル君に気づくと、すぐに雪玉をつくり、逃げるコペル君をめがけて投げる。コペル君は走りながら、雪だるまの蔭に隠れては雪玉をつくり、反撃する。そして、また逃げる。二人は追いかける。三人は他の子たちの間をぬって走り回る。コペル君が振り返って雪玉を投げようとすると、二人はいない。そこに人だかりができていた。

近づいていくと、北見君と水谷君が上級生たちに囲まれていた。北見君が走っていて、上級生たちのつくった雪だるまを壊したらしい。

「あやまれ」上級生がいう。

「僕、知らなかったんです」北見君が答える。

「弁解なんか聞きたかあない。あやまりゃあいいんだ」

「すみませんでした」北見君が顔を伏せていう。

「そんな声じゃ聞えねえぞ」「はっきり口をきけ」上級生がいう。

「蚊の鳴くような声をしやがって」別の上級生もいう。

「すみません！」北見君は顔をあげ大声でいう。

「なんだ、その言い方は！」「それでも、あやまってるのか」「貴様はふだんから生意気なんだ」

上級生たちが口々にいう。

コペル君はすっかり度を失って立っていた。

「北見君は、わざとやったんじゃないんです」水谷君がいう。

「おまえは黙ってろ！」上級生がいう。「北見！　どうだ、今後、下級生らしくおとなしく服従するか」

「いやです」北見君がいう。

別の上級生が北見君を殴ろうとした。と、そのとき、浦川君がバタバタと北見君のそばに駆け寄っていった。

「貴様なんか、どいてろッ」と上級生は浦川君を突き飛ばす。

水谷君が上級生と北見君の間に割こむ。

尻餅《しりもち》をついた浦川君も立ちあがって走りよる。

二人は真青な顔になり、ブルブルふるえながら立っている。

コペル君は自分も出ていくならいまだ、と思った。が、足が動かない。

上級生はぐるっと周りを睨みつけると、

「北見の仲間は、みんな出て来いッ」という。

コペル君は顔を伏せた。握っていた雪玉を背中にまわし、捨てた。

「北見！。制裁を加える」というと同時に、北見君は殴られた。

倒れた北見君のそばに水谷君と浦川君が寄りそっている。上級生たちは三人めがけて雪玉を投げつける。

始業の鐘が鳴り、まだ授業のある上級生たちは校舎に入っていった。

北見君は立ち上がると、「畜生《ちくしょう》！」といって雪だるまに体をぶつけて泣く。その北見君の肩を水谷君が抱く。浦川君も傍らで泣いている。

少し離れたところでコペル君はひとりぽつんとうなだれて立っていた。

その日、コペル君は家に帰ると熱を出して寝込んでしまった。


(この章に叔父さんのノートはない)

コペル君が行動できなかったのは勇気がなかったから？

少しだけ私のことを書く。

私が育ったのは横浜市の中区というところだ。その頃(一九六〇年代)の横浜は、貧困と暴力と多民族と米軍ハウスの街だった。今でも街を歩けば、あそこで殴られ、あの坂道でカツアゲされ、あのプールで脅されたという記憶がよみがえってくる。

中学校も例外ではなかった。私のクラスに学年の番長がいた。彼は気に入らない者がいると、授業中でもその人の後ろの席に行き頭を小突いた。先生は何もいわなかった。彼の大きな体格や凶暴さから、先生のそういう態度も無理ないと生徒たちは思っていた。私も彼に脅されたり、殴られたりした。そんなとき、一週間くらい親とも友だちとも口をききたくなかった。

番長の暴力にどう対処したら良いのか、何日も考えた。が、実際に彼に向かって文句をいったことはないし、ましてや全力で闘うこともなかった。むしろ逃げ回っていた。〈あんな馬鹿を相手にしている時間がもったいない〉というのが自分を納得させる理由だった。

いまはこんなに荒れている学校はないと思う。それでも何らかの形で、暴力の前に立たされるという体験は誰にでもあるのではないだろうか。

「いまだ、いまだ」と思いながら、コペル君はたった一歩が踏み出せなかった。本全体からすると、コペル君は敏捷でいたずら好きの少年なのだけれど、この場面では、その敏捷さはどこへやら、体が棒のようになっている。

私は自分の体験を思い出して、この感じがよくわかった。ちょうど、大勢の人の前に立ってあがる感じに似ている。ボーッとして頭は働かないし、体はしびれたようになって、自分の手足ではないかのようだ。ようするに怯《おび》えているのだ。しかし、それは殴られて痛いことを恐れているのとは違う。たとえば、これが相撲やボクシングといったスポーツならば、コペル君の体は敏捷に動いたに違いないから。

空気が違うのだ。

普段は、コップをつかもうとしたら、スッと手が届くし、どんな冗談をいったら相手が笑ってくれるかもおよそ計算できる。こんなふうに、たいていの場合は、体や気持ちがそのまま外へ広がったような親しい空気の中にいる。だから、この親しい空気を感じることさえできれば、たとえ論争でもケンカでもノビノビとできる。

ところが一方、憎しみや妬《ねた》み、あざけりといったような敵対的な関係がつくり出すトゲトゲしい空気というものがある。それは鉛のように重く、硬く、体や気持ちを押さえつける。身動きを困難にする。コップをとろうとしたら落として割るし、言葉はすべて悪意から発したものと感じるし、感じられてしまう。トゲトゲしい空気の中では思いと行動がうまく結びつかない。

行動できないときの感じを、私の体験を思い出して言葉にするとこんなふうになる。

コペル君もたぶん、このトゲトゲしい空気を感じていたのではないだろうか……。

コペル君は三人の友だちとしっかり約束をしていた。つまり、行動を起こすための意義をつかんでいた。それもかなり強く。おそらく、コペル君にしてみれば命を賭けてもいいくらいの意義だったはずだ。それなのに行動を起こせなかった。

こういうことだ。

どんなにしっかりと意義をつかんでいたとしても、それだけで、強い力に抗して行動を起こせるようになるとは限らない。

この章の少し先で、叔父さんはこういっている。

「(略) どんなにつらいことでも、自分のした事から生じた結果なら、男らしく堪え忍ぶ覚悟をしなくっちゃいけないんだよ。考えてごらん、君がこんどやった失敗だって、そういう覚悟が出来ていなかったからだろう？　一たん約束した以上、どんな事になっても、それを守るという勇気が欠けていたからだろう？」

叔父さんは、コペル君が行動を起こせなかったのは、「覚悟」ができていなかったり、「勇気」がなかったりしたからだといっている。

そうかもしれない。しかし、「覚悟」や「勇気」という言葉だけでは抽象的すぎるような気がする。

まず、「覚悟」についてだけれど、コペル君は「覚悟」していなかったわけではない。三人と約束してからしばらくの間は、緊張して「覚悟」していたはずだ。でも、日が経つにつれ、その緊張もゆるんでしまったのだ。それに、そんなことがチラリとさえ思い浮かばないほど楽しい雪の日だっただけに、不意をつかれてしまったのだ。

長い間、精神を緊張させて「覚悟」しつづけているわけにはいかない。いつ起こるか予測できれば、「覚悟」しつづけておくことは有効に違いないが、不意の出来事には対応できないのではないだろうか。そして、人生上の事件の多くが不意に訪れるものなのだ。

次に「勇気」だけれど、この言葉に対して私は特別の苦手意識をもっている。

少年の頃には、漫画の主人公に対するのと同じように憧れていた言葉なのに、暴力に屈して以来、私は自分が主人公ではなく、おそらく「勇気」のない方の人間なのだと認めなければならなかったからだ。

そんなわけで、「勇気」がないから行動を起こせなかったのだ、という分析では、どうしたら「勇気」をもてるようになるのかが私にはわからない。そもそも「勇気」とは何か。たとえば、意志のようなものならば、コペル君も行動を起こそうとする意志はあった。また、「勇気」というもののあるなしが生まれつきだとしたら、それはどうしようもない。実際、遺伝でもって、自分の努力ではどうにもならないことはあるだろう。が、私としては努力すれば一ミリくらいは変えられるという具体的な解決策が欲しいと考えている。

「勇気」のない私でも、トゲトゲしい空気を切りさいて一歩を踏み出せるようになりたい。

強い相手に対してや強い圧力下だと、それに逆らうような行動は起こしにくいに決まっている。ただ、逆らうような何かをしなくちゃいけないと思っていて、行動を起こせる人と起こせない人がいるとき、そこにある違いは何か。

コペル君の場合、北見君や水谷君、それに日頃気が弱いと思われていた浦川君までが行動できたというのに、自分だけが行動を起こせなかった。

なぜなのか。

「意義」「覚悟」「勇気」このどれもが答えになっているとは思うのだけれど、私の胸にはストンと落ちない。行動できなかったときの私（たぶん、コペル君も）の感じを、これらの言葉はつかんでいない。それに、これらの言葉からは、どうすれば行動できるようになるのかという努力の方向が見えてこない。

問題を整理しておく。

一、なぜ、コペル君は行動できなかったのか。

二、どうしたらコペル君は行動を起こせるようになるのか（コペル君と三人の違いは何だったのか）。

行動の起動力となる「肉体の反射」

戦争中という強い圧力状況下で、それに逆らうような行動を起こせなかったことについて、鶴見はこう書いている。

知識をもち、状況についての見通しをもつ人が、かならずしも状況打開のための行動をおこすものでないことを、まず確認したい。私は、自分の戦争下の記憶をほりおこして、そのことを自分について確認する。（中略）私は第二次世界大戦での日本の立場が正しいと思ったことはなく、日本が負ける以外の終末を考えることはできなかったが、同時に、戦争反対のための何らの行動もおこすことはしなかった。

それは、怠けぐせとか、物理的勇気の欠如というのとも少しちがう。というのは、物理的な苦痛としてはかなり痛い目にあって、ともかくも耐えたし、軍からあたえられた雑用を必要以上に勤勉にやったからだ。自分の信じていない戦争目的のために、その仕事が直接に殺人に関係しないとはいえ、勤勉に働く自分がバカらしくて仕方がなかった。その勤勉なはたらきが、政府の命令にそむく行動の方向には、むかないのだった。そういう行動の起動力となる精神のバネが欠けていた。それは、知識の構造に欠けたところがあるためではなく、肉体の反射の問題だ。「思想」という言葉を、知識だけでなく、感覚と行動とをもつつむ大きな区画としてとらえるならば、それは思想の問題だ。知識としてはひろくこまかく正しくて、思想としてはもろい存在というものがある。[*37]

鶴見は行動を起こす「意義」をつかんでいた。さらに、物理的という条件がつくけれども、「勇気」ももっていた。それでも、行動を起こすことはできなかった。なぜか。

それは結局「肉体の反射」の問題なのだと書いている。

「肉体の反射」という言葉がわかりにくいかもしれない。同じような言葉を使っている他の文章を引用してみる。

そういう原理（リンチをくわえることを避けようとする原理――引用者）だけで

はなくて、もっと別にわれわれの日常の反射というのか、いろいろな反射の訓練というのがあるわけでしょう。火のそばに手を持っていけば熱いから手を引っ込める。大体赤ん坊にはそのようにして火のこわさを教えている。それが人間の思想の根本だと私は思う。そんなものは思想じゃないという考え方を私はとらない。そういう反射が思想の最も重大なもとになるという気がする。だからリンチが生じるような状況がきても、リンチを避けるような、リンチにくみしないような反射が自分の中にある人たちが大ぜいいれば、それは食いとめることができる。これは日常的なつき合いの問題であるし、生活の中で自分が自分で育てる感覚の問題なんです。それは思想をどう見るかということとかかわっている。*38

この文章では「肉体の反射」とはいわず、「日常の反射」とか、たんに「反射」とだけ書いているが、これらは、ほとんど同じ意味で使われている。火のこわさを赤ん坊の頃から体で覚えるというたとえがあるので、感覚としてなんとなくわかるのではないだろうか。

「反射」とは、日常的に反復することによって、肉体にしみついた反応の仕方のこと、とでもいったら良いかもしれない。

この「反射」があるかないかが、行動を起こせるか起こせないかの違いを生みだすのであり、ここには思想の根本があるのだという。


毎日の暮らしは膨大な量の判断と行動の繰り返しだ。

たとえば、朝。目覚まし時計のベルが鳴ったときに、そのベルを止めようと判断し行動する。それから起きようと判断し行動する（そのまま寝てしまうこともあるが）。次に顔を洗おうと判断し行動する……。

鎖のように判断と行動が次から次へとつながり、それを日々繰り返している。そのひとつひとつを意識して考え、判断し行動しているわけではない。ほとんど無意識に体が動いている。つまり、それが「反射」で動いているということなのだ。

それに較べると、意識して考え、判断し行動していることはごくわずかしかない。たとえば、今日は映画を観に行くか、それともこの原稿を書くべきかとかだ。

ところで、そうやって悩み考えた結果として行動を起こす場合でも、その行動が楽に起こせたならば、それはその判断と行動の傾向が、すでに「反射」として体に蓄積されてあったからだ。

一方、判断し行動しなければならないと思っていても、なかなかできないことがある。そういう場合は、その行動が自分の中に「反射」としてないからなのに違いない。たとえば、結婚して共働きだから家事を分担しなければならなかったとき、私は当然だと考えていたし、男女平等を主張さえしていた。それなのに、実際にやらなければならないとなると、買いものに行くと味噌を買い忘れたり、洗濯物を干すとしわくちゃだったり、料理をするとイカの皮をむくのを知らなかったりと、どれもまともにできなかった。それは、それまでの私の生活の中でやってこなかったことだから、「反射」としてなかったのだ（その後、おかげさまで、反復学習する中で、何の苦もなくできるようにはなりました）。

あらゆる判断と行動のもとのところで、その人の体に蓄積された「反射」が作用している。

「反射」

私は鶴見の文章でこの言葉を読んだとき、即座に納得した。というのは、中学生のときに暴力に屈したことを思い出し、棒のようになっていたあのときの体の感覚が「肉体の反射」という言葉を共感をもって受けとめたからだ。

行動を起こせなかったのは、「意義」をつかんでいなかったからとか、「覚悟」ができていなかったからとか、また「勇気」がなかったからというような精神的なことが主な問題なのではなく、そのときに体が動かなかったという肉体的なことが問題だったのだ。

コペル君が「いまだ、いまだ」と思いながら行動を起こせなかった場面を取りだしてみれば、トゲトゲしい空気の中で、体が動かなかったということが、なによりも一番の問題なのだということがわかる。

ひとつめの問い、なぜ、コペル君は行動できなかったのか、への答え。

それは、トゲトゲしい空気の中で行動を起こせる「反射」がコペル君の体の中になかったからなのだ。

思想は身についた態度（反射）に表れる

次に二つめの問題を考えたい。

どうしたらコペル君は行動を起こせるようになるのか（コペル君と三人の違いは何だったのか）。

ところで、いまでは問題をこんなふうにいい換えることもできる。

どうしたら「反射」を身につけることができるのか、と。

鶴見の思想の中でもっとも重要なものとして「態度」がある。

彼は思想を、こう定義している。


思想はまず、信念と態度との複合として理解される。*39

この「態度」は「反射」のことでもある。こう書いている。

それではどういうふうな道を選ぶかというと、思想を支える、思想の底にある態度ということを重く見る立場です。それは言いかえれば反射ということの重視なのです。[*40]

「反射」と「態度」を『広辞苑』(第五版)でひくとこう書いてある。

はんしゃ [反射] ① [理] 光などが物に当ってはねかえること。一媒質中の波動が、他の媒質との境界面で方向を変え、もとの媒質中を進行する現象。② [生] 感覚器官に与えられた刺激が、中枢を経て、意識と無関係に規則的に特定の筋肉や腺などの活動を起す現象。転じて、無意識的な行動。

たいど［態度］情況に対応して自己の感情や意志を外形に表わしたもの。表情・身ぶり・言葉つきなど。また、事に処するかまえ・考え方・行動傾向をも指す。

どちらも外側の力や情況に反応してかえす現象をさしている。「反射」は物質や生物、人間も含むすべてに見られる現象なのに対して、「態度」は人間についてのみ見られる事柄なのだ。

引用した鶴見の文章が、「態度」を「反射」といい換えているのは、基礎にある無意識性を強調するためなのだと思う。

鶴見は「態度」と「反射」を、ほとんど同じような意味で使っている。

どうして、知識人ではなく普通の人々の哲学について研究しようと思ったのかときかれて、鶴見はこんなふうに答えている。

たとえば、兵隊としていてもけっして残虐行為なんかしない人間がいるんです。

人をひっぱたこうとしない。どうしてそういう人間は人をひっぱたこうとしないのか、その問題。それは思想からそうなるのではないんですよ。深いところからの態度の形成の生活史からそういうふうになってくるんですね。だからその生活史そのものからくる思想が重大だと考えるようになった。[*41]

「思想」という言葉を二回使っているが、それぞれ意味が違う。「それは思想からそうなるのではないんですよ」といったときの「思想」は、知識や学問といった一般に流通している内容で使っている。後の方の「生活史そのものからくる思想」というのが、鶴見が「思想」という言葉で本当のところ意味したい内容になっている。

私が父からきいた話や、映画や小説によると、軍隊ではひっぱたくことが、挨拶と同じくらい日常的だったらしいから、上官になっても、みんなと同じようにひっぱたかないのは、流れの中で立ち止まっているような抵抗力が必要だったに違いない。そして、その抵抗力が、ひっぱたかないという意志の力だけではなく、ひっぱたけないという生活史に根をもった態度の力を支えにしていたところに強さがあって、鶴見はそこを思想として考えたいといっているのだ。

さて、反射（態度）を身につけたり、身についた反射（態度）を変えたりするにはどうしたら良いのか、というのがコペル君の二番めの問題だった。引用した文章の中にある「態度の形成の生活史」という言葉が参考になりそうだ。

態度を形成すること、または、態度を変えることとは、言葉でいうほど簡単なことではない。考えを変えても、態度が変わっていないということがある。

たとえば、男女平等を主張している男性の大学教授が、家に帰ると脱いだ服を妻に片付けさせているとしたら、彼の主張は男女平等でも、彼の態度は女性蔑視だということになる。

一日の間で目覚めている時間が十六時間だとして、自分の発言や行為を自分できちんと把握している時間が合計一時間もあるだろうか、まあ一時間としておこう。残りの十五時間は、しっかりと考えずに話をしたり、行動したりしている。つまり、無意識に近い状態、反射で行動している。そして、この十五時間が問題のすべてであり、また、この十五時間の集積が生活史ということだろう。

考えを変えるためには、本を読めば良いかもしれない。が、態度を変えるためには、一日十五時間の集積、生活史を変えなければならない。

態度を変えるための生活術

「態度の形成の生活史」

いままでの毎日の生活が態度を形成したのだから、態度を変えるためには、いままでと同じ長さだけのいままでと違った生活を積み上げる必要があるだろう。

ところで、「さあ、明日から生活を変えよう」と意志をもったからといって、変えられるものだろうか。できるかもしれない。でも、態度を変えるほどの長い時間にわたって意志を持続させることはかなり困難だと思う。意志の弱い私には無理だ。

態度を形成する生活史としては、そうした意識的な時間よりも、無意識に過ごしている時間の方が圧倒的な量なのだから、そこを制御することが重要なのだ。

無意識のときを制御する。たとえば、それは癖を直せというようなものだ。

ここで「生活術」という言葉を鶴見の文章から取りだしたい。

ある人が今の日本の社会通念に反して自分の信念をたてとおし四十、五十まで生きることができるとすれば、それは、その人個人の中に何らかの仕方で毒がふくまれている場合だけだと思う。たとえば、その人の子供がかたわに生まれつき、子供のことを思うとそれがそのまま、仕合せになれない人々を考えてしまうという風な山本宣治のような災難の場合。自分が部落出身者であるため、自分たち集団の利益を計ることが、そのまま日本の社会全体の解放につながる場合もある。だが、そういう場合をのぞき、中農以上、あるいは大学出の知識人の場合、自分たちの収入、地位、名声を無制限にあげて行くことと、進歩的な思想を保つこととは背反する。かれらの場合、なにかの仕方で人工的に運河を自分の生活につくらなくてはならない。子供を制限するとか、自分の出世を制限するとか、収入を制限するとか、何かの仕方で損をする以外に、抜け道はない。実際この問題（理想ばなれの問題）を解いている人は大部分、自分自身に特有なこの種の生活術をもっているが、日本の学問の言語に制約されて、これらの事情について語ることがない。私は、自分ではこの十年、この種の問題にもっとも悩んだ。[*42]

若い頃は社会を変えるために行動していた人が、歳をとるとともに現状を肯定するようになる、というのはよくあることだ。しかし、そうはならず、歳をとっても社会を変える努力をしつづけている人々もいる。なぜ、彼らは変わらずにいられるのか。それは彼らがなんらかの「生活術」をもっていたからなのだという。

文中に「中農以上」や「大学出の知識人」ならば、高い地位と豊かな生活を約束されているというような内容がある。これは、多くの人が大学出で、またその多くが知識人ではなくなった現在ではあてはまらないが、一九五五年に書かれた文章だから、そのへんは我慢してほしい。

ともかく、自分の暮らしの中に「生活術」といった歯止めをつくらないと、つぎつぎに現実と妥協し、気づいてみたら、学生の頃は否定していた立場に立っていたということになりかねないというわけだ。もちろん、まったく妥協しないで生きるということはできないと思う。そして、だからこそ何もかも否定するのではなく、また何もかも肯定するのでもない「生活術」という方法が参考になる。

ある理念にもとづいて生活を全面的に変えるのではない。だいいち、そんなことはできない。毎朝走ったり、英会話の練習をしたりするのと同じような感じで、「人工的に運河を自分の生活につく」るのである。

毎年、八月一五日になると、鶴見は、安田武、山田宗睦という二人の友人に会っていた。三人はそろって理髪店に行く。三人のうちひとりが坊主頭になる。頭を刈り終えると、食事をしながら話をする。ただそれだけだ。

ただそれだけのことを十五年間、毎年続けた。

毎年交替するから三年ごとに坊主頭になる。坊主頭にした日から三カ月くらいは、

　今の時代にとけこめない妙な感じがつきまとう*43

という。

なぜ坊主頭なのかというと、戦争中、徴兵され、坊主にされ、戦場へ送られたこと、そしてそれに対して何もできなかった自分を忘れないためなのだ。

これが、戦争体験をものさしにして、戦後を生きようとしたときの鶴見の「生活術」のひとつだった。

坊主頭になるなんてばかばかしいことだと思う人がいるかもしれない。

坊主頭にすること自体が、直接的に生活を変え、態度を変えることには結びつかない、という意味では確かにばかばかしい。しかし、戦争中から、どれだけ自分や世間が変わったかを考えるきっかけにはなる。

また、ばかばかしいということの中に、坊主頭なんて誰にでもできる簡単なことだからつまらない、もっと難しいことを自分に課すべきだという含みがあるとしたら、それは違う。むしろ簡単にできることが大切なのだ。態度を変えるだけの長い時間続けなければならないのだから。

この他にも、鶴見は様々な「生活術」を工夫していた。たとえば、六〇年安保以後、毎年六月一五日になると国会議事堂へ行き献花をするとか、自分のことを「僕」や「俺」ではなく「私」としかいわないとか、手紙をコミュニケーションの重要な手段と考え、長い手紙を書くようにしていた、とかだ。

なかでも、ここで坊主頭になることをとりあげたのは、それが「生活術」として優れているからだ。

優れた点を列記してみる。

一、友だちとすることによって、友だちと会うことの楽しみが行為を持続させる力となる。

二、坊主頭になるには髪を切ればいいわけで簡単なことだ。

三、簡単なわりには、他人が一番注目するところだから心理的な効果が大きい。

四、肉体に関わることだから、感覚に結びついている。徴兵され、坊主にされたそのときの感覚がよみがえる。

五、そしてなによりも優れている点は、やると決めて、やれたかやれていないかが、自分にも、他人にもはっきりとわかるということだ。

昔、鶴見が対談をしている写真を見て、坊主頭だったことがある。〈ああ、八月一五日に坊主頭になったあとだったんだな〉と思ったが、その坊主頭の写真は、妙に私の中に刺さってくるものがあった。

小さなことだけれど、私は必要なときにいつもペンチがどの引き出しに入っているのかがわからなくなっていた。一時間も探したりする。整理整頓のできない、だらしのない性格を直さなくちゃいけないな、と思う。そして、使った道具は元あった場所にしまうように心がけよう、と反省する。ところが、次に必要なときには、決まって、またどこにあるのかがわからなくなっている。つまり、こういった精神的な方法ではうまくいったことがない。

これが「生活術」だと、いっそ道具類を引き出しから出して、壁に掛けて見えるようにしてみるというような方法になる。使ったら壁に掛けるだけだ。私の場合、これでペンチを探すことがなくなった。

また、「生活術」を、鉄道員がやっている指差し確認のような方法だといっても良いかもしれない。つまり、目標や意味を一時傍らに置いておいて、型から自分を律するわけだ。

　こうした方法ならば、そして、自分にとってのうまい「生活術」を工夫できれば、意志が弱い人間だからと、あきらめなくても良さそうだ。

　ここで、コペル君の二つめの問題に戻りたい。

　どうしたらコペル君は行動を起こせるようになるのか（コペル君と三人の違いは何だったのか）。

　コペル君と三人（水谷君、北見君、浦川君）の違いから考える。

　上級生の暴力の前で三人は行動できたのに、コペル君は一歩も動くことができなかった。トゲトゲしい空気の中で動ける「反射」を身につけている者と身につけていない者との違いだった。

　それは、トゲトゲしい空気に慣れているか、慣れていないかの違いだといっても良いと思う。つまり、彼らの日常生活の中にトゲトゲしい空気があったかどうかということだ。

「まえがき」で紹介した四人の家庭環境を思い出してほしい。

コペル君の生活にトゲトゲしい空気はなかった。むしろ、お母さんや叔父さんの思いやりの中で育ち、親しい空気に包まれていた。それに較べると、他の三人の家庭の空気は少し違っていた。

水谷君の家は大金持ちで、遊び道具ならなんでもある。しかし、両親は話し相手にも遊び相手にもなってくれたことがない。水谷君は寂しい。

北見君のお父さんは軍人で厳しく、家では父親がこうと決めると家族全員それに従わなければならない。北見君の家は厳しい。

浦川君は両親が金銭上の苦労をしていることを知っている。彼の表情には「まるで大人のような暗いかげがさして」いることさえある。浦川君は不安を抱えている。

三人の家庭は、コペル君の家のようにいつも親しい空気に満たされているわけではない。

そんなわけで、コペル君よりも三人の方がちょっとだけトゲトゲしい空気のようなものに慣れていたのではないだろうか。

もちろん、著者・吉野は、コペル君が行動を起こせなかった要因が幸せな家庭にあると思って書いたわけではないと思う。しかし、「生活史が態度を形成する」という視点から読んでみたら、こんなことがわかった。

穏やかで親しい空気の家庭に育つことが、子どもにとって、必ずしも良いことばかりではない。そういう子どもは敵対的な関係、トゲトゲしい空気に弱くなりやすい。

それでは、どうしたらコペル君は行動を起こせるようになるのだろうか。

おそらく、自分の生活の中にトゲトゲしい空気をつくり出し、慣れれば良いのだ。そういう「生活術」を工夫する。たとえば、三人を殴った上級生たちとつき合ってみるとか、家を出てひとり暮らしをするとかだ。もっと良い「生活術」があるかもしれない。

生活術の実例「拭き掃除の思想」

私は男性を呼ぶときに自分より年上は「――さん」と呼び、年下は「――くん」と呼んでいた。ここには自分を中心にした年齢による序列がある。この習慣を変えてみようと思った。

誰でも「――さん」と呼ぶことにした。これが私の「生活術」だ。

いままで「工藤くん」と呼んでいたものを、突然「工藤さん」と呼ぶのには抵抗感があった。小学生のときに、それまで「かあちゃん」と呼んでいたのを、ちょっと気取って「おかあさん」と呼びはじめたときの気持ちに似ている。

年下の社員や友だちを「――さん」と呼んでみた。最初、彼らはみんなちょっととまどったような表情をした。が、それだけだった。「やめてくれ」という人はいなかったし、笑いだす人もいなかった。わりとすぐに慣れていった。

いま思えば、わざとらしいことをやったものだと思うが、その頃は真剣。自分にとっての思想の実践だった。私はいまでも、誰であっても「――さん」と呼ぶ。親戚の小学生にだって「――さん」という。よそよそしい感じを与えるかもしれないが、それでいいと思っている。

「生活術」の実践については、何人かの先行者がいた。

そのひとりが、雑誌「思想の科学」の投稿欄で知った田辺道雄だ。

一九七三年、銀行に勤めはじめて一年めの田辺は、ひとつの「生活術」を実行することにした。

当時、彼の勤めている銀行では、毎朝、始業三十分前に女性社員が机の拭き掃除をすることになっていた。田辺は、女性社員だけというのはおかしいと思ったし、その三十分間は手当てのつかないただ働きというのも不当だと思った。が、そのことを組合に提訴するのではなく、訴えるなら女性自らがやるべきだと思ったし、上司に意見をいうのでもなく、彼自身が拭き掃除に加わるという行動にでた。

これが彼の「生活術」だ。


入行すると、部長や課長が男性社員にむかってこんなことをいっていた。「仕事がうまくいくかどうかは、女子の使い方に左右される。諸君は、女子をうまく使ってほしい」「君たちは若いから、女子の心をうまくつかめるはずだ。そうなれば、女の子たちは諸君がいえば、どんな仕事にも精を出すようになる」「女子は、ほとんどが結婚したら退職してしまう腰かけだ。それに較べて男子にとっては一生の仕事だから心構えが違うはずだ」

（当時はこんなことをいっていたんですね。いまは、どんな銀行でもこんなことはいっていないと思うけれど）

朝三十分の拭き掃除を女性がすることによって、男性社員は女性社員が自分たちよりも下にいるのを実感し、部長や課長のいったことが自然に自分の中に入ってきた。平社員の男性でも、女性に頼みごとをするたびに、彼女たちに対して管理者のような意識をもつようになり、少しずつ自分を会社と一体化させていった。

拭き掃除をしている田辺には、同僚たちの意識の変化が見えた。

また、いっしょに拭き掃除をするうちに、女性社員の中に、相互に管理する仲間意識といったものがあることを発見した。それは、自分が拭き掃除をサボると他の人に迷惑がかかるとか、みんなしているのだからするのが当然だというもので、この仲間意識が、女性だけが拭き掃除をするのはおかしいという声を封じ込める役割をはたしていた。

さらに、女性社員の上にいると思っている男性社員の中にも、何段もの序列があった。課長や部長といった役職だけでなく、支店にいるよりも本店の方が上で、預金係よりも融資担当の方が上というように、自分はこの人よりも下だけれど、あの人よりは上だ、という序列の階段をいつも意識しているようになる。

自分自身の中にも浸透してきているこの意識を、田辺は少しでも変えたいと思った。こう書いている。

口でいうだけでなく、行動しなければなりません。何かをしなければ、意識の変革などできないのです。その手がかりとなる〝何か〟は、それぞれの状況により、また、それぞれの人によって、さまざまでしょう。

私の場合、〝何か〟は拭き掃除なのです。

（「拭き掃除の思想」一九七三年五月）

七〇年代、多くの人たちが自分の現場で何かを実践しようとしていた。その背景には、前の時代の学生運動のように、大所高所から、世の中はこうあるべきだと大声で叫び、ビラを配ったり、デモをしたり、機動隊とぶつかったりすることでは世の中は変えられないという気分があったからだ。もっと地道に自分の周りから、いや、自分自身から変えていかなければならないと考えたからだと思う。

私の「――さん」と呼ぶ生活術だが、自分を変える手立てになっただろうか。正直なところ、こう変わったと、使用前、使用後を提示できれば良いのだが、なかなか難しい。あえて変化をあげるとすれば、理屈っぽい生意気な人間が、物わかりのいい腰の低い人間になったということか。

六十代にもなると、自分や他人を見て、人は変わらないものだなという感じを強くもつようになる。そんななかで、これが意図したことでの変化だとするならば、わずかな変化でも、それはそれでたいしたものだと思うのだけれど。

七、石段の思い出

コペル君は半月近く学校を休んだ。

友だちを裏切ったことは誰にも話していない。

〈なんであのとき動けなかったのか、自分があんなに臆病者だったとは認めたくない、が、事実だ、情けない……〉コペル君は自分を責めて、涙を流す。

コペル君は無口になった。

お母さんは心配した。いつもなら熱が下がると、医師がもう少し寝ていなさいといっても、すぐに学校に行くというコペル君なのに、今回はじっと寝ている。

コペル君は悩んでいた。北見君、水谷君、浦川君との約束を守れなかった卑怯な自分について、いろいろ言い訳を考えた。

〈近くに立ってしっかり見ていて、あとで先生に事態を説明しようと思ったんだ〉とか、〈あのときすでに熱があって倒れそうだったんだ〉とか……。

しかし、そういって、北見君に「ありがとう」とか、「たいへんだったね」などといわれたら、自分はいたたまれないだろう。

〈自分があんなに臆病な、あんなに卑屈な人間になろうとは……〉
もう、取り返しがつかないと思うと、どうしていいかわからないのだった。

何日かして、ほとんど熱も下がり、体調は良くなったのだけれど、コペル君は布団の中にいる。傍らで、叔父さんが寝転んで新聞を読んでいた。

（お母さんと叔父さんはコペル君のことが心配で仕方がない。しかし、二人とも「何があったんだ？」などとたずねることはしない。ただ、待っている。コペル君本人がいい出すのを待っている。それもさりげなく。このへんの優しさが良い大人たちだなーと感じさせる）

コペル君は叔父さんに話すべきかどうか迷っている。そして、とうとう思い切って、打ち明けた。

友だちとの約束を破ったこと、自分は卑怯だったこと、自分の気持ちの中では出ていこう、出ていこうと思っていたが、できなくて裏切ることになったこと、そのことを友だちにわかってもらいたいこと。

「僕、どうしたらいいんだろう」コペル君がきく。

「いますぐ、手紙を書いてあやまりなさい。いつまでも心の中に持ち越してるもんじゃないよ」と叔父さんはいう。

「そうすれば北見君たちは、機嫌を直してくれるかな?」とコペル君がいうと、

「そんな考え方をするのは、間違ってるぜ」と強い口調で叔父さんはコペル君を叱った。

北見君がどう思うかではなく、自分のしたことに責任を負わなければいけない。まず、あやまるしかないんだという。

コペル君はムチでピシピシ打たれたような気持ちになった。

間違ったことをしたときには、心からあやまること。言い訳はしない。どう判断するかは、相手にまかせるしかないと叔父さんはさとす。

(このへんの優しいだけではない対応が立派だ)

コペル君は北見君に手紙を書く。

「僕は、卑怯者といわれても、臆病者といわれても、なんといわれても仕方がない人間

だと思いました……」

手紙を書いて送ると、コペル君の気持ちは軽くなった。


コペル君が布団の中で教科書を読んでいると、横で編み物をしているお母さんがぽつりぽつりと話をはじめる。

お母さんが女学生の頃、湯島天神の石段をあがって帰った。あるとき、石段を重い荷物を持ったお婆さんが登っている。石段の途中で少し休んだので、声をかけて荷物を持ってあげようと思った。そう思って、近寄ろうとすると、お婆さんは再び登りだした。何度か声をかけよう、かけようと思いながら、躊躇《ちゅうちょ》しているうちに、お婆さんは一番上まであがってしまった。

二十年も前のことだけれど忘れられない。

「でもね」とお母さんはいう。「石段の思い出は、お母さんには厭《いや》な思い出じゃあないの」

このときの経験があるから、その後、自分の心の中の温かい思いを、行いにあらわすようになったし、実際、そうして良かったということがある。あの石段の思い出のおかげなのだという。

叔父さんのノート
「人間の悩みと、過ちと、偉大さとについて」

叔父さんはノートにこんなことを書いた。

痛みは大切だ。体は痛むところがあって病気に気づく。同じように心も、苦しいとか悲しいとかいうときには、人間として正常な状態にないということを本人に知らせていることでもある。

自分の過ちを認めることはつらいが、そのつらいと感じることが、人間の偉大さでもあるのだ。そして、こう書いた。

僕たちは、自分で自分を決定する力をもっている。

だから誤りを犯すこともある。

しかし――

僕たちは、自分で自分を決定する力をもっている。

だから、誤りから立ち直ることも出来るのだ。

叔父さんの教えは「マチガイ主義」

叔父さんの、人は自分で自分を決定する力をもっているから、誤りを犯すことがあり、そして、誤りから立ち直ることもできる、という考えは、もっと積極的な考えとしては「マチガイ主義」というものになる。

マチガイ主義とは、

〈人間はまっすぐ真理には近づくことはできない。ひどいマチガイからあまりひどくないマチガイに向かって進むことにより、少しずつマチガイを少なくすることができるだけで、それが現実についての正しい思考だ〉とする考え方。プラグマティズムの哲学者、チャールズ・サンダース・パースがこれを唱えた。

（『哲学・論理用語辞典』）

お母さんの「石段の思い出」は「体験カプセル」

お母さんの「石段の思い出」はこの本の一番重要なところだ。

コペル君は自分の間違いを認める手紙を書いて、少し気持ちが楽になっているときに、この話をきいた。お母さんの話はコペル君の心に、そして読者の心にも沁《し》みこむ。

間違い、失敗し、こうすれば良かったと悔やむ体験は、誰にでもあるだろう。失敗したときは後悔し、絶望的な気分になるけれど、それを忘れないでいれば、次に同じような出来事に出会ったときに力になるのだという。

それに、お母さんの体験が、特別なものでないのも良い。小さな、でも、心に残る体験。

体験とは一人ひとりのものなので、それを忘れず、向き合い続けていることが大切なのだ。

鶴見はこう書いている。

人間を思想的な人間にする根元のエネルギーは、非常に特異な事実、その人だけにしかあらわれないような特異な事実——たとえば、人を百人殺してマンジュウにして食ったというのは、特異な事実でしょうが——を必要とするものじゃない。自分の中に刺さった事実と、どういうふうに向き合い続けて行くかということだと思う。（中略）

生む力をもったエピソードというのは、ビタミン剤と同じように、小さなキャプセルの形に貯えておけるような単純な小さなものだ。力はその中に煮つまって入っている。そうして自分にとってかけがえのない持薬みたいなものとして、各自の戦争体験があり、さらにその戦争体験との対し方そのものも含まれているような、そういうキャプセルがあるんですね。*44

その人にとって体験は特異なものでなくて良い。心に突き刺さっていることが重要で、どうしても、そのことと向き合い続けざるを得ない、そういう体験はビタミン剤のような小さなカプセルのようになっていて、いつもポケットに入っているようなものなのだということ。

「石段の思い出」がコペル君のお母さんの「体験カプセル」だし、コペル君にとっては「雪の日の出来事」が「体験カプセル」になるだろう。

体験と経験とはどう違うのか。

鶴見はこんなふうに話している。

体験と経験との区別。経験というのは科学の基礎にある経験と同じように、どこのだれでも追試験することができる。みずからの経験によってもう一ぺん仮説を確めることができるから、公開されたものなのです。体験は自分だけにあるもの、おれは見た、それなんです。（中略）

体験から経験への区別が、体験は経験ではないというふうにただ区別して峻拒するものではなくて、無限回のこの往復を可能にする、そういう心の用意というか、ふところの深さをつくりだすものとしてでてくる。いくらでも体験から経験に還元するけれども、それでも何かのこるわけです、いつでも。自分は語りおわったと思っても、そのもとのもとがあるから——こうじみたいなものですね——またしばらくすれば別のものがでてくるわけです。[*45]

体験があって、そのことを語ったり、書いたりして整理すると経験となる。が、体験は整理しつくせない。再度、語ると違う側面が出てくる。体験とはそういうものだという。

体験について、鶴見はこうも書いている。

自分の体験についてくりかえし考え、その体験についての態度をきめるという中で、体験の記憶の仕方、その保持の仕方が、そのまま理論になっているような思想の方法があると思うようになった。[*46]

体験の保持の仕方が理論になるという。

鶴見自身、戦争体験と向き合うことで信念をつかんだ。

鶴見は戦争体験から信念をつかんだ

戦争中、鶴見は南の島の基地で、海軍の軍属として雑用と通信の任務を与えられていた。

あるとき、島民がスパイだということで捕えられてきた。島民は正当な裁判を受けることなく、処刑されることになった。島民を殺す命令が、官舎の隣の部屋にいる鶴見と同じ軍属に下された。彼は、基地から離れたところに島民を連れて行き、殺して戻ってきた。

鶴見は、いつ自分に同じ命令が下るかわからないと思った。敵国でもない中立国の島民を殺すのは、国際法違反だ。上官にそういったとしたら、鶴見自身の身が危うくなるだろう。それでもいったとする、しかし、島民は殺されることに変わりはない。結果として何の効果もない。効果がなくてもしなければならない正義というものがあるのだろうか。

悩んだ鶴見は、ひとつのことを決意する。命令されても人を殺さない。その前に自分が死ぬ。そう決めて、いつも劇薬を身につけるようにした。もし命令されたら、すぐに便所に入って薬を飲むことにした。軍隊では、命も自分のものではないから、自殺は許されない。便所にでも入って、素早く死ななければ死ねないのだ。

これが、鶴見の戦争体験の中で一番重いことだったに違いない。幸い人殺しの命令は下らなかったわけだが、このとき決意した「人を殺さない」という信念は、その後、鶴見がものごとを考え、判断し、行動するときの根っこになった。

「人を殺さない」という信念の普遍的な理由を、こう書いている。

　人間には状況の最終的な計算をする能力がないのだから、他の人間を存在としてなくしてしまうだけの十分の根拠をもちえないということだ。*47

人間は一〇〇パーセント正しい認識はできない、という考えがまずある。九〇パーセントくらいの正しいことはあるかもしれないが、それでも、一〇パーセントの間違う可能性は残されている。間違っても良い、間違ったならば方向を直せば良いのだ。ところが、人を殺すということだけは別だ。方向を直しても、一度死んだ人は生きかえらない。

私は、鶴見の戦争体験を知る前に、彼が「人を殺さない」ということを信念にしているという文章を読んだ。そのときは、なんだか当たり前な言葉だなと思った。

「人を殺さない」という言葉だけを、鶴見の体験から切りはなして、教養のように考えると、空々しい言葉になってしまう。戦争中はもちろん、現在でも、自分が直接手を下していなくても、間接的に人殺しに結びついている可能性を考えることができるからだ。

もちろん、このことは鶴見も知っている。それでも、彼が「人を殺さない」という言葉を握っているのは、この言葉を、普遍的な真理としてよりも、信念として考えているからだと思う。信念とは、誰よりも自分にとってのものだ。

「人を殺さない」というのは鶴見の言葉だし、彼の体験に絡む感情を含んでおり、だから、彼が判断し、行動するときの力になる言葉なのだ。

なぜ、鶴見は戦争体験から信念をひとつの言葉として自分のものにすることができたのだろうか。

一九三八年、十五歳のときから、一九四二年、十九歳のときまでの約五年間、鶴見はアメリカへ留学している。日本が中国へ侵攻し南京を占領した翌年にアメリカに渡り、中国侵略が泥沼化し太平洋戦争に踏み切った翌年に帰国している。

この間、日本では戦争への国家総動員体制が確立している。一方、鶴見が留学していたアメリカは、ニューディール政策のもとで、左翼系の知識人が元気に活動していた。

留学中、鶴見は、アメリカの健康的で理想主義的な民主主義を身につけた。アメリカの独立宣言と憲法を暗記したという。大学ではプラグマティズムの哲学を学んでいる。

プラグマティズムの中心は、「考えは行為の一段階なり」という主張である。[*48]

帰国後、数日して鶴見は徴兵検査を受けている。アメリカの本ばかり読んでいた青年が、突然、戦争体制一色の状況の中に放り込まれた。その頃のことを鶴見はこう話している。

自分が、自分にとって当り前の話をしたら他人には理解されないし、叩き殺されるのではないかという恐怖があった。*49

鶴見は、日本の戦争は民主主義に敵対する方向で行われているから間違っていると判断していたし、正しいとか間違っているとかを別にしても、力だけから考えて、確実に敗《ま》ける戦争だからやめた方が良いと思っていた。

思っていただけだ。そのことを口に出せば、殺されるような状況にいたわけだから。ある考えをもっていて、それを自分ひとりの頭の中だけにしまっておいて、じっと台風が去るのを待つようにしているのは、かなりつらいことなのではないだろうか。普通、考えとはそれ自体表現を求めるものだからだ。

それに鶴見の場合、プラグマティズムの哲学を学んだことから、考えが行動で裏打ちされる自分の像を求めていた。しかし現実は、帰国したときから、自分の像と実際の自分がズレなければ生きていけない状況にあった。自分が自分の像から剝がれる痛みをもち続けなければならなかった。それは、自分が自分の像を裏切っていることの自覚でもあった。

その頃、鶴見は、特攻隊に志願していく少年たちを見て、ある感情を抱いている。彼らの考えと行動の一致したひたむきな生き方（死に方）に較べると、自分は美学的に醜いと感じたと書いている。この感情の動きに、逆に鶴見が自分に求めていた像を見ることができる。つまり、戦争の方向を逆にして、民主主義を守る立場にいたら、鶴見自身が考えと行動の一致した姿勢をもつ人間でなければならなかったわけだ。

「私」を捨てて打ちこむ姿勢を美しいと感じる美意識が鶴見にはあった。この美意識と、考えが行動に結びつくことを重要としたプラグマティズムの哲学とは、似ているようで、まったく違う。どちらかというと、前者は姿勢を、後者は結果を大切に考えている。そして、ふたつとも鶴見の中にはあった。

そういう美意識からすれば、醜く自分の像を裏切らなければならないのは、状況のせいだったが、またそこには、自分を納得させる理由もあった。

もし、自分の考えにしたがって、たったひとりでも戦争反対といって立ち上がっても、自分の命が危険になるだけで、戦争をやめさせることに結びつく効果はないだろうというのが、その理由だ。

中立国の島民を殺す命令が、自分と同じ軍属に出されたときも、鶴見は同じように考えた。国際法違反だと上官にいっても、自分の身が危うくなるだけで、島民は殺されるだろう。やはり効果がないという理由で踏みきれなかった。

しかし、この理由は充分に自分を納得させたわけではない。

鶴見は煩悶する。


効果をうまぬとわかっている善行をくわだてることは、なさねばならぬ正義か。なさねばならぬことではないが、しかし黙って見ていることは正義と言うべきものではない。[*50]

実際は、「効果がない」という理由が、自分の像を裏切る方へと自分を押し流していく。自分がこうあるべきだと考えていた自分の像から、実際の自分が剝がれつづける。その痛覚は、はじめは切り傷のように鋭かったものが、慢性の胃潰瘍のような体の深部からの痛みに変わっていく。

そして、人殺しの命令が下るかもしれないという状況になったときに、はじめて「効果がない」という理由を断ち切って、命を捨てても「人を殺さない」と決意したのだ。自殺をしても「効果がない」ことには変わりない。殺される人は、鶴見以外の誰かによって殺されるだろう。

自分が直接手を染めて人殺しをしなければならないかもしれない、という状況になってはじめて、自分を裏切る理由を捨てた。つまり、状況に「私自身」のこととして、正面から向き合うことを強制されたとき、命を賭けても救うべき自分の像をはっきりさせたわけだ。「人を殺さない」という言葉で。そして、この言葉が鶴見の信念になったのである。

べ平連がアメリカの新聞へ反戦広告を掲載したとき、そこには画家・岡本太郎の字でこう書かれていた。

「殺すな」

信念「人を殺さない」の後日談

鶴見の信念には後日談がある。

　自分の体験についてくりかえし考え、その体験についての態度をきめるという中で、体験の記憶の仕方、その保持の仕方が、そのまま理論になっているような思想の方法があると思うようになった。*45

と鶴見は書いていた。

「自分の体験についてくりかえし考え、その体験についての態度をきめる」
戦争体験について鶴見はずっと考えていた。「人を殺さない」という信念についても、
これでいいのかと。

　べ平連のときだって、完全に自信を持てていたわけじゃない。[*51]

と八十歳の鶴見はいう。

　戦後もずっと悩んでいた。だってあのとき、自分に「敵を殺せ」という命令が下ったら、どうしていただろうと考えるわけです。命令を断わって一思いに自殺したと思いたいんだけれども、戦争中はもう毎日が恐ろしくて暮らしているわけだから、その恐怖に屈して、命令を聞いてしまったかもしれない。（中略）
　だから戦後に私が考えたのは、「自分は人を殺した。人を殺すのは悪い」と、一息で言えるような人間になろう、ということだった。それが自分としての最高の理

想で、それ以上の理想は、自分に対して立てないし、他人に対しても要求しない。(中略)

自分のなかで哲学的に解決がついたのは、今から十年ぐらい前ですよ。*51

戦争中、殺せという命令が下ったとき、自殺すると決め、「人を殺さない」という信念をつかんだ。戦後、五十年近く、鶴見はずっと考え続けた。本当に自殺できただろうか。自分は恐怖で命令をきき、人を殺したのではないか、もし、そうだとしても、自分を救う道はないか。

事実を認め、謝ることだ。

「自分は人を殺した。人を殺すのは悪い」。これならば、できるといえると考えたのだろう。

鶴見は、「自分の体験についてくりかえし考え、その体験についての態度をきめる」ということを、本当にやってきた人なのだと思う。

その持続する志に感動した。

八、凱旋

コペル君の家に、北見君、水谷君、浦川君の三人が訪ねてくる。三人は手紙を読み、コペル君が約束を守れなかったことをなんとも思っていない、事件のあと、三人の親が学校に抗議し、先生たちが相談し、北見君を殴った上級生を罰したという。コペル君は三人といままでどおりのつき合いができると思うと嬉しくなった。

九、水仙の芽とガンダーラの仏像

春分の日、コペル君は水仙が黄色の花のつぼみをつけはじめている庭に出て、日陰にある草花を日当たりの良い場所に移し替える。その中に地中三十センチもの深いところの球根から地上に茎を伸ばした水仙があった。雪のある頃から時間をかけて茎を伸ばしたのかと思うとコペル君は、そのねばり強さに感動する。

お彼岸のおはぎを持って叔父さんの家へ行き、おしゃべりをする。

叔父さんは最初の仏像はギリシャ人がつくったのだという。それは、ガンダーラの仏像で、写真を見ると確かに衣類の襞《ひだ》などがギリシャ彫刻のようだ。元々、仏教が生まれたインドでは釈迦の像をつくらない習慣があった。

紀元前三三〇年頃、アレキサンダー大王はアフガニスタンの近くにまで遠征した。大王の方針は、遠征した先々でギリシャ人を住まわせ、東と西が溶け合った帝国をつくることにあった。そんなふうにしてアフガニスタンに住むようになったギリシャ人が何代も続き、仏教徒となり、できたのが仏像だった。

歴史的にも地理的にも雄大な話にコペル君の目は輝いた。

ガンダーラの仏像は西洋人の顔をしている

ガンダーラの仏像の話は、以前に読んだときから印象的で記憶に残った。ただ、吉野がこのことを書いたのは戦前で、その後の調査で事実は変わってきているかもしれない。そう思って、東京国立博物館の東洋館へ行った。

二階がガンダーラ美術のコーナーになっている。ひっそりとして暗い中に照明があてられて、ガンダーラの仏像があった。

如来坐像は完全に彫りの深い西洋人の顔をしている。

隣に立っている如来立像も西洋人の顔だ。頭髪はウェーブがかかっているし、両肩をおおう衣は襞が波うっている。さらに、左ひざを軽く曲げている様子が衣を通してうかがえる。まさにギリシャ彫刻の立像のポーズだ。

菩薩立像はカイゼルひげをはやしている。顔立ちは西洋人とインド人の中間だが、ギリシャ人が身につけていた一枚布のトガのようなものを身にまとっている。当然、襞は波うっている。

解説のパネルを見るとこう書いてあった。

紀元一世紀、最初の仏像はパキスタンのガンダーラとインドのマトゥラーで誕生しました。ガンダーラ地方はギリシャ文化の影響をうけ、厚手の衣など仏像にもそれが色濃く反映しています。一方マトゥラーでつくられたものは衣も薄く顔つきもインド的です。両者、同時多発的にはじまったのかもしれません。

マトゥラーでも仏像は誕生していて、ガンダーラとどちらが先かは判定がついていないらしい。マトゥラーの仏像は東京国立博物館には展示がなかったので、係りの人にお願いして外国の博物館の写真を見せてもらった。まったく違う。顔は日本の仏像のようにのっぺりしているし、衣類はさらっとしていて襞は線で描かれている。

もう一度、ガンダーラの仏像の前に立った。

アレキサンダー大王がもたらした文化が、いま目の前にあるのかと思うと、ぼう然とする。

気宇壮大なこの話が、この本の後半にあるのは、実に良い。読者は時間的にも空間的にも広々としたところに連れ出され、大きく深呼吸したような気分になる。

十、春の朝

コペル君は叔父さんにならってノートをつけることにした。そこにはこう書いた。

僕は、すべての人がおたがいによい友だちであるような、そういう世の中が来なければいけないと思います。人類は今まで進歩して来たのですから、きっと今にそういう世の中に行きつくだろうと思います。そして僕は、それに役立つような人間になりたいと思います。

この文章を吉野が書いたのは、日中戦争がはじまった年だ。彼は子どもたちの未来に希望を託した。

そして最後にこういう言葉を置いた。

君たちは、どう生きるか。

鶴見俊輔さんのこと

『思想の科学総索引』が出来上がったときだったと思う。索引を作る作業グループの五人（私はその中のひとりだった）と出版元の思想の科学社社長の上野博正さんと鶴見俊輔さんで出版を祝う小さな会が催された。食事をし、酒を飲み、会も終わる頃、上野さんが立ち上がり、

「鶴見さんのお葬式のときに歌うつもりだったけど、いま歌います」といった。

鶴見さんは笑っていた。上野さんは胸の前で腕を組み、「仰げば尊し」を歌い出した。少し高いよく透る歌声が響いた。

♪仰げば尊し、わが師の恩……

あれは確か十九年前、その三年後に上野さんは六十七歳で師よりも先に逝き、そして、二〇一五年の七月二〇日、鶴見さんも亡くなった。九十三歳だった。

鶴見さんが亡くなったという新聞記事を読んでからずっと、私は、私が鶴見さんと知り合いだったということがまぼろしだったような感じがしている。

若い頃（といっても三十九歳だったが）に「鶴見俊輔論」を書き、それがきっかけで会うことができ、雑誌「思想の科学」の編集委員として呼ばれ、月一回の編集会議で薫陶を受け、その後も京都で話をきいたり、本を出せば感想の手紙をいただいたりした。それらを思い出したとき、私の人生でただひとつの奇跡といってもいいくらいの幸運だったという思いがこみあげてくる。

私が最初に読んだ鶴見さんの本は『日常的思想の可能性』だ。二十六歳（一九七五年）のときで、すでに社会人として働いていた。しかし、内面は学生運動のときの負い目を引きずったままだった。学生運動の議論は、世界はこうなっている、その中で日本はこうで、大学はこうだ、だから君はこう行動すべきだと展開されていた。私は行動することができなかった。「世界を認識できていないから行動を起こせないんだ」と批判された。私は本を読み、雑誌を読み、新聞を読んだ。が、行動にはつながらなかった。大学卒業後も、私は勇気がないのだろうか、臆病者なのだろうかと悩んでいた。そんなときに『日常的思想の可能性』の中にある「根もとからの民主主義」と「すわりこみまで」という二つの文章に出会った。そこには認識が行動に結びつくという考えは違うと書いてあった。認識と行動の間には「狭い明白な峡谷がある」と。行動を起こせないのは勇気がないからでも、怠け者だからでもない。「肉体の反射」の問題なのだ。私の肩から重荷が消えた感じがした。

はじめて鶴見さんにお会いしたのは一九九〇年、私の最初の本『「普通の人」の哲学――鶴見俊輔・態度の思想からの冒険』を出した年だ。鶴見さんは六十八歳、私は四十歳だった。京都グランドホテルのラウンジで向かい合った。テーブルの上に付箋のいっぱいついた私の本が置いてあった。その付箋のついた箇所を開けて、ひとつひとつ感想をいってくれた。私は緊張しすぎて、何をいわれたのかをまったく覚えていない。ひととおり本の話が終わると、「あなたの話をして下さい」と鶴見さんがいった。私は不意を突かれ、真正面すぎる質問にとまどった。何と答えたかも覚えていない。その後、地下に降りて、中華料理店へ入った。鶴見さんがメニューを見ながら料理名をあげて「どうですか」ときくので、すべて「はい」と頷《うなず》いた。出てきた料理は、あわびの醬油味の煮物、牛肉と野菜の炒め物、海老のクリーム味の煮物、シューマイ四個（こんなことだけ手帳にメモしている）。食事をしながら、鶴見さんは開高健さんの葬式のことや富士正晴さんが亡くなったときのことなどを話した。鶴見さんはあまり食べない。四個あったシューマイは私が三個食べた。食欲もないようだし、友人の死の話ばかりしている。悲観的になっているのかなと思った。私は礼状にそんな感想を書いた。鶴見さんから返事が来た。

「悲観的と私を見られたようですが、当日歯痛のため、はれがあって、昼食と夕食とをともに嚙まずに胃に送り込んだので、そのために悲観的だったので、その原因は、一昨日除去しました」

文面を見て、私はクスッと笑った。そして、歯痛をこらえながら長時間つき合ってくれた鶴見さんの誠実さを思った。

鶴見さんが新しい著作集（一九九一年）を出すことになり、その月報に何か書いてほしいと編集者から連絡があった。以前の著作集の月報には都留重人さんとか竹内好さんとか錚々《そうそう》たる人たちが書いていた。こんな名誉なことがあるだろうかと思い、ありがたく引き受けた。「思想の科学」の集まりがあったとき、鶴見さんに礼をいい、「良いものを書きたいと思います」というと、彼はやさしい声で、「映画のように書きなさい」といった。

基本的には名詞と動詞だけで良いというのが鶴見さんの文章術だ。なるべく、形容詞や副詞は避ける。「美しい」とか「とても」とかは使わない方が良いのだという。私はその教えをずっと守っている。

鶴見さんが雑誌「思想の科学」の編集委員に誘ってくれた。編集委員になると、雑誌の特集企画を提案しなければならなかった。私は、その頃、二冊目の本『上野千鶴子なんかこわくない』（一九九二年）を出し、少し話題になっていた。友だちが「上野さんの名前を題名に入れて、そんなにまでして本を売って、有名になりたいのかよ」と私を批判した。私は有名になりたいのだろうか。じっくり心の底を探っていくと、有名になりたいという欲望があった。これはいけないことなのだろうか。そんなことを考えていたので、「有名になりたいか?」という特集企画を提案した。「思想の科学」のそれまでの特集は「国家とは何か」とか「方法としての聞き書」という格調高いものが多かった。「有名になりたいか?」は編集委員に不評だった。「『思想の科学』の品が落ちる」「こんな特集をやるなら私は編集委員を降ります」「みっともない」次々に批判され、私は下を向いた。恥ずかしかった。そのとき、

「『有名になりたいか?』なんてダメだ」と鶴見さんが大きな声でいった。「『有名になりたい』でなきゃ」

みんなびっくりして鶴見さんの方を見た。

「カエルを取ってきて逆さまに置くだろう。そうすると足をバタバタさせる。そういう特集にしよう」

雑誌を欲望で満たして、判断は読者にゆだねようということなのだ。この鶴見さんの

発言で編集委員は納得した。私はホッとした。救われたと感じた。

　このときの経験から、自分の底にある本音をぶつけると、鶴見さんはそれを受けとめ、絶対に擁護してくれる人なのだと知った。

「理屈の力学」という特集のとき、

「政治家の失言について上原さん書いてみて下さい」と鶴見さんにいわれた。

　当時、インターネットはまだなく、新聞や雑誌を調べ、失言する政治家をお笑い芸人に見立てた「政治家の芸風に学ぶ」という文章を書いた。その号が出たとき、鶴見さんの横を歩きながら、

「政治家の失言、苦労しました」といったら、彼は無言で歩き去った。

「思想の科学」に書いた評論家風の文章で鶴見さんにほめられたことはない。かといって、批判されたこともない。

　ずっとあとになって、鶴見さんに、

「良い文章のときはほめるけど、良くないときは何もいわないと決めてるんですか」と

きいた。

「うん」と彼は頷いた。

あの頃、私は自分を掘り下げていなかった。書いたものはどれも表面的でつまらなかったと思う。


あるとき、鶴見さんがこういった。

「マルクスがすごいのは資本論を書いたからじゃない。餓えという問題を見つけたからなんだ。問題を解決することよりも、自分の問題を見つけることが重要なんだ」

私にとって「自分の問題」とは何だろうと考えた。映画監督になることが高校生の頃からの夢で、映画会社に入ったのに、自分の映画は作れなかった。自主制作の八ミリ映画を作って「ぴあフィルムフェスティバル」に応募した。落選し、戻ってきたフィルムについていた審査委員の手紙には「長すぎます。飽きて見続けることができませんでした」と書いてあった。いっしょに映画を作っていた仲間はみんな離れていった。自分には才能がないのだと認めざるを得なかった。私は落ち込み、部屋にひきこもり、毎日、鶴見さんの本だけを読んで過ごした。そんなふうだった三十代の十年間を思い出した。あのとき、鶴見さんの本を読むことで自尊心を支えていたなと。そして、これは「自分の問題」ではないかと気づいた。

「困難に陥り、自尊心が傷つき、自分を道端に転がっている小石のように感じるとき、人はどうやって自分を支えるのか」

この問題意識を持って人に会い、話をきいた。そして、『友がみな我よりえらく見える日は』（一九九六年）という本ができた。

はじめて鶴見さんにほめられた。


私は、人に話をきいて、それを短い文章にまとめることを仕事にした。本も何冊か出した。「市井の人々の生き方を記録」と紹介された。あるとき、「あなたの書いているものは文学ですね」と鶴見さんがいった。「立原正秋が初期の頃、同じようなものを書いています」

私は驚いた。そして喜んだ。自分でも記録よりも感動に力点を置いて書いていたからだ。

年に一回の「思想の科学」のシンポジウムのあと、懇親会があり、みんなが雑談をしていた。様々な人が鶴見さんに挨拶をする。彼は笑って一人ひとりと話し込む。ある中年の学者風の男性がやってきて、鶴見さんの仕事は画期的だから後世に残るに違いないというような話をした。鶴見さんは嫌そうな顔をしていた。その人が去ったあと、たまたま横にいた私に小さな声で、

「あの人は、私が死ぬから来年はもう会えないと思ってるんだ」といって笑った。鶴見さんには相手の本音を見抜く皮肉屋なところがあった。

私は長い間、会社員とものを書きの二重生活をしてきた。五十七歳（二〇〇七年）のときに、週一回の新聞連載の話があり、会社員を辞めた。

その年の「声なき声の会」で国会南門前に献花に行ったとき、鶴見さんが近づいてきて、

「文筆一本になったんだってね」といった。

「はい」私は答えた。

鶴見さんは微笑んで、うんうんと頷いた。


こんなふうに書いているとき、私は、鶴見さんの言葉と同時に、表情を思い浮かべている。

人の話をじっときいているときの鋭い眼光。

人や文章をほめるときの、世の中にこんな素晴らしいものは他にないと思わせるほどの大きな手の動きと丸く見開いた目。

ものをいう前に頭の中で整理しているときの眉を寄せ、胃液を飲み下したような表情。

自分がひとひねり加えた面白いことをいったときに「ハッハッハッ」とつけ加える豪傑笑い。

鶴見さんの表情のふりはばは、彼の仕事と同じくらい多彩で、会っているとき、私は表情の意味がわからずよくとまどった。

二〇一二年、私は『こころが折れそうになったとき』という本を書いた。それまで取材で会った人たちから学んだことをまとめたものだ。その本を鶴見さんに贈るかどうかで迷っていた。体の具合が悪く、人前には出ないようにしているときいていたからだ。迷惑かもしれないと思った。しかし、いままで贈っていて今回だけやめるのはどうかなとも思った。そこで、「こんな本を出したというご報告をしたいので、お贈りしますが、お読みにならなくて良いです。お返事も要りません」と手紙をつけて贈った。

一カ月後、鶴見さんから手紙が来た。封筒の裏側に彼の判が捺《お》してあり、横に「代」と書いてある。封筒を開けると、鶴見さんの妻、横山貞子さんの手紙が入っていた。それによると、鶴見さんは脳梗塞を発症して、言語能力に故障が生じた。読み、きき、見るのは大丈夫なのだが、書く、話すという能力を失った。「これは本人にとって、つらいことです」とあり、さらに、「上原さんの今度の御本を読み終わるとすぐ、大学ノート三ページにわたる長文の『おたより』を書きました。病後に『書いた』最長のものです。ですが、残念ながら、文字は判読不能です。一部コピーしたものを同封します」と書いてあった。

私は手紙といっしょに入っていたコピーを手に取った。大学ノートに文字が横書きになっている。ひらがなのようだが、もつれた針金のようになっている。じっと見ていると、ところどころ、「わたしのかんがえから……」とか「ひとつは……」などがわかる。万年筆では書きづらかったのか、途中からサインペンになっている。どの字も線が震えている。私は泣いた。

「『「普通の人」の哲学』を文庫にしてくれるところはないのかしら？」という女友だちのひとことからはじまった。

彼女は古くからの知り合いで、『「普通の人」の哲学――鶴見俊輔・態度の思想からの冒険』を読み、『君たちはどう生きるか』を論じている部分を気に入っていた。

さらに、今年（二〇一八年）の成人式の企画だと思うのだけれど、「20歳の自分に読ませたい『わたしのベスト3』」という文春オンラインの記事で、評論家の武田徹さんが、大宅壮一氏と田川健三氏の本に並べて、私の本を取りあげてくれた。その推薦理由が『君たちはどう生きるか』について言及しているところに一読の価値あり、というものだった。

こんなふうにして、三十年近く前の拙著が、ゾンビのようにむくむくと立ちあがろうとしていた。

ちょうどそんなとき、雑誌「正論」で連載していたコラム・ノンフィクションが百回で終了し、その中から良いものを選んで本にしてくれるという話が、幻冬舎の志儀保博さんからあった。『こころ傷んでたえがたき日に』（仮題）という。

その話が出たときに、『「普通の人」の哲学』を『君たちはどう生きるかの哲学』という新書にしていただけないかときいた。ダメで元々という気持ちだった。志儀さんは興味を示した。

私としては、すでにある本を新書にしてもらえればラクでいいなと思っていた。ところが、久しぶりに読み返してみると、そのままでは『君たちはどう生きるかの哲学』にはならないことがわかった。

結局、全部新たに書かなければならなかった。

『君たちはどう生きるか』の中のどの話が、鶴見哲学と共振しているかはわかっていたので、構成が決まってからは、わりと早く書けた。

鶴見哲学のもっとも大切なところを盛り込むことができたと思っている。

原稿を読み意見をいってくれた友人たち、出版までの素早い対応をして下さった志儀さん、ありがとうございました。

さて、「文庫ではないけれど、新書として書き直したよ」とメールするか、お互い「どう生きるか」よりも「どう生きたか」の年齢になっている女友だちに。

二〇一八年四月一二日

上原　隆

註

＊1―「吉野源三郎『エイブ・リンカーン』」一九五九年二月に発表（以下、発表年月のわかる文章は年と月のみ書く）、『鶴見俊輔著作集』第五巻、筑摩書房（本書では一九七五年～七六年に刊行された著作集から引用している。以下『著作集』と書く）、二八四ページ。
＊2―「日本の思想百年」一九六六年十月、『著作集』第二巻、三六四ページ。
＊3―吉野源三郎『職業としての編集者』一九八九年三月、岩波書店、六ページ。
＊4―同、五一ページ。
＊5―「ともにそだつ場としての学校そして社会」一九八一年七月、鶴見俊輔『家の中の広場』、編集工房ノア、二二八、二二九ページ。
＊6―「新しい知識人の誕生」一九五六年三月、『著作集』第五巻。
＊7―鶴見俊輔『アメリカ哲学（上）』一九七六年六月、講談社学術文庫、一四〇ページ。
＊8―同、一四二ページ。
＊9―竹内好「ともに歩みまた別れて」一九七五年五月、『竹内好全集』第十二巻、筑摩書房、五八、五九ページ。
＊10―「転向研究　転向の共同研究について」一九五九年一月、『著作集』第二巻、六ページ。
＊11―鶴見俊輔『戦時期日本の精神史―一九三一～一九四五年―』一九八二年五月、岩波書店、二二五ページ。

＊12―同、二三七ページ。
＊13―エマニュエル・トッド「今や米国は問題をもたらす存在」二〇〇八年十月三〇日、朝日新聞。
＊14―上野千鶴子『生き延びるための思想　新版』二〇一二年十月、岩波現代文庫、三四六ページ。
＊15―鶴見俊輔『期待と回想　上巻』一九九七年八月、晶文社、八八ページ。
＊16―「私の母」一九六八年十二月、『著作集』第五巻、三六六、三六七ページ。
＊17―鶴見俊輔、上野千鶴子、小熊英二『戦争が遺したもの　鶴見俊輔に戦後世代が聞く』（以下、『戦争が遺したもの』と書く）二〇〇四年三月、新曜社、二三ページ。
＊18―「退行計画」一九六八年三月、『著作集』第五巻、四八五、四八六、四八七ページ。
＊19―『戦争が遺したもの』、二七ページ。
＊20―同、二三一ページ。
＊21―同、二三五ページ。
＊22―鶴見俊輔『対話』一九八四年九月、太郎次郎社、一九八、一九九ページ。
＊23―「かるた」一九五一年六月、『著作集』第五巻、四四五ページ。
＊24―「苔のある日記」一九五八年一月、『著作集』第五巻、四六一ページ。
＊25―鶴見俊輔『太夫才蔵伝　漫才をつらぬくもの』一九七九年十一月、平凡社、二一ページ。
＊26―「脱走兵の肖像」一九六九年六月、『著作集』第五巻、一七〇ページ。
＊27―『期待と回想　上巻』、一二〇ページ。
＊28―『戦争が遺したもの』、三二一ページ。

＊29―鶴見俊輔、黒川創『不逞老人』二〇〇九年七月、河出書房新社、九九ページ。
＊30―石田祐樹「惜別　哲学者　鶴見俊輔さん」二〇一五年十月一〇日、朝日新聞夕刊。
＊31―市井三郎『歴史の進歩とはなにか』一九七一年十月、岩波書店、一四二、一四三ページ。
＊32―鶴見俊輔、橋川文三、今井清一、松本三之介、神島二郎、虫明亜呂無『日本の百年』第七巻、一九六二年十二月、三二一ページ。
＊33―同第一巻、一九六一年十二月、二一三ページ。
＊34―同、三四四ページ。
＊35―「日本人の心にうつった世界諸民族」一九七一年三月、『著作集』第二巻、三五八ページ。
＊36―「日本思想の可能性」一九六四年一月、『著作集』第三巻、一〇ページ。
＊37―「すわりこみまで」一九六六年八月、『著作集』第五巻、九三ページ。
＊38―「リンチの思想」一九七二年六月、『著作集』第五巻、二〇九ページ。
＊39―「転向研究、転向の共同研究について」、八ページ。
＊40―鶴見俊輔、日高六郎、針生一郎、菅孝行『戦後とは何か』一九八五年八月、青弓社、二〇ページ。
＊41―「日本の思想と民衆思想」一九七七年六月、鶴見俊輔対話集『戦争体験』、ミネルヴァ書房、二一九、二二〇ページ。
＊42―「かるたの話」一九五五年一月、『著作集』第三巻、一一八ページ。
＊43―「坊主」一九七一年八月、『著作集』第五巻、三七六ページ。
＊44―「戦後日本の思想」一九五八年一月、『著作集』第二巻、二七八ページ。
＊45―鶴見俊輔『戦後思想三話』一九八一年七月、ミネルヴァ書房、六九、七一ページ。

＊46―「素材と方法」一九七二年三月、『著作集』第三巻、四四〇ページ。
＊47―「すわりこみまで」、九四ページ。
＊48―『アメリカ哲学（下）』一九七六年六月、講談社学術文庫、八ページ。
＊49―「私の戦中・戦後から」一九七五年五月、『戦争体験』、五ページ。
＊50―「戦争のくれた字引き」一九五六年八月、『著作集』第五巻、四七二ページ。
＊51―『戦争が遺したもの』、五二、五三ページ。

著者略歴

上原　隆《うえはらたかし》

一九四九年、神奈川県横浜市生まれ。エッセイスト、コラムニスト。

立命館大学文学部哲学科卒業後、記録映画制作会社に勤める。勤務のかたわら雑誌「思想の科学」の編集委員として、執筆活動を始める。

その後、執筆業に専念。著書に思想エッセイ作品として『「普通の人」の哲学』『上野千鶴子なんかこわくない』、コラム・ノンフィクション作品として『友がみな我よりえらく見える日は』『喜びは悲しみのあとに』『雨にぬれても』『胸の中にて鳴る音あり』『こころが折れそうになったとき』『こんな日もあるさ』などがある。

近く『こころ傷んでたえがたき日に』(仮題)を刊行予定。

幻冬舎新書 498

君たちはどう生きるかの哲学

二〇一八年五月三十日 第一刷発行

著者 上原 隆
発行人 見城 徹
編集人 志儀保博
発行所 株式会社 幻冬舎
〒一五一-〇〇五一 東京都渋谷区千駄ヶ谷四-九-七
電話 〇三-五四一一-六二一一(編集)
〇三-五四一一-六二二二(営業)
振替 〇〇一二〇-八-七六七六四三
ブックデザイン 鈴木成一デザイン室
印刷・製本所 株式会社 光邦

検印廃止

Printed in Japan ISBN978-4-344-98499-8 C0295
う-5-1
幻冬舎ホームページアドレス http://www.gentosha.co.jp/
*この本に関するご意見・ご感想をメールでお寄せいただく場合は、comment@gentosha.co.jp まで。

幻冬舎新書

曽野綾子
人間にとって成熟とは何か

年を取る度に人生がおもしろくなる人と不平不満だけが募る人がいる。両者の違いは何か。「憎む相手からも人は学べる」「諦めることも一つの成熟」等々、後悔しない生き方のヒントが得られる一冊。

佐々木俊尚
広く弱くつながって生きる

人とのつながり方を「浅く広く弱く」に変えた著者。その結果、組織の面倒臭さから解放され、世代を超えた出会いが広がり、仕事が沢山舞い込んできた。人づきあいと単調な日々を好転させる方法。

下重暁子
極上の孤独

孤独のイメージはよくない。しかし孤独な人は、一人のほうが何倍も愉しく充実しているから敢えて選んでいるのであり、成熟した人間だけが到達できる境地でもある。孤独の効用が満載の一冊。

佐々木閑　大栗博司
真理の探究
仏教と宇宙物理学の対話

仏教と宇宙物理学。アプローチこそ違うが、真理を求めて両者が到達したのは、「人生に生きる意味はない」という結論だった！　当代一流の仏教学者と物理学者が縦横無尽に語り尽くす、この世界の真実。